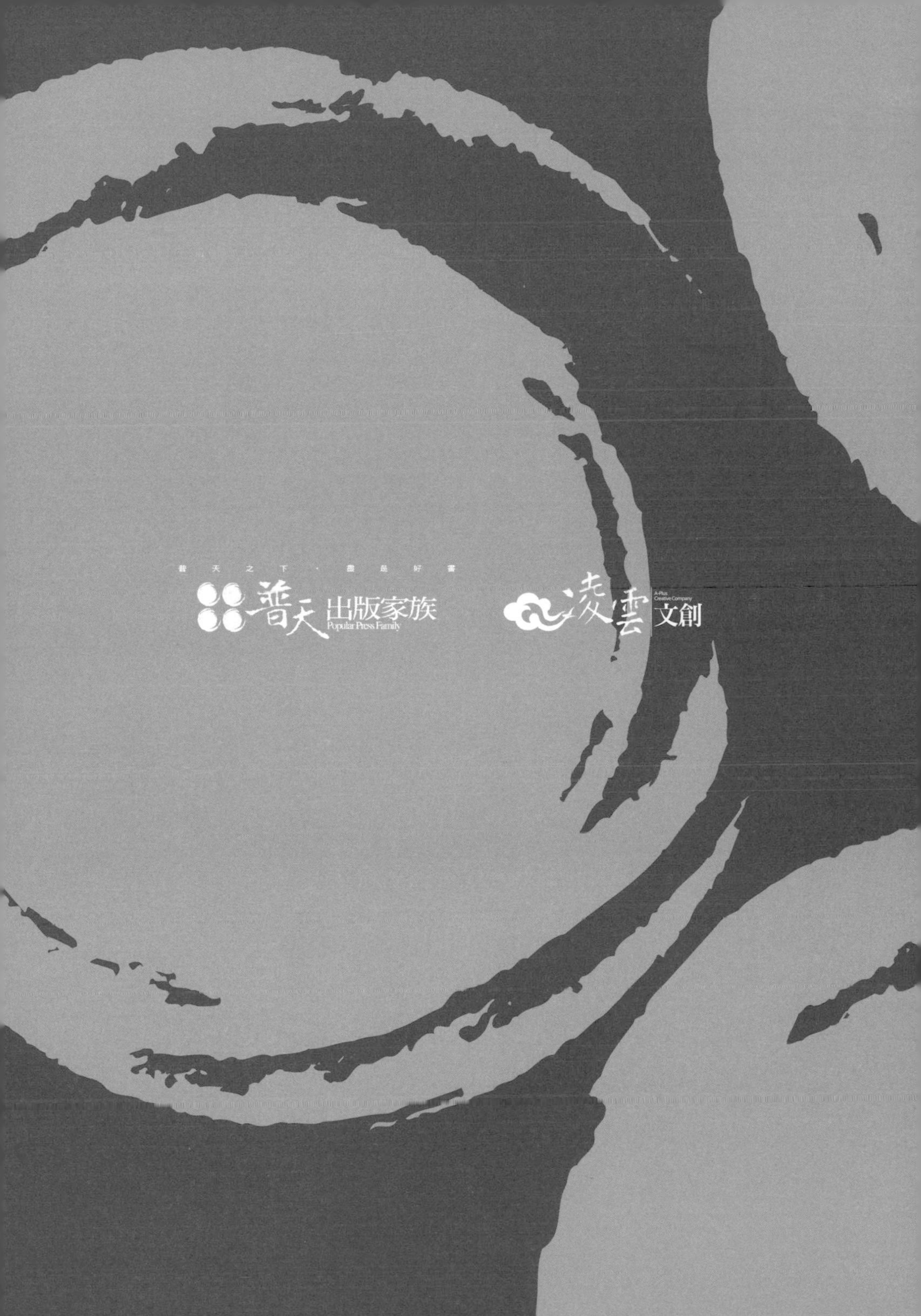
普 天 之 下 · 盡 是 好 書
普天出版家族
Popular Press Family
凌雲
A-Plus
Creative Company
文創

懂得說話藝術，就能左右對方的思路

惠特尼曾經寫道：「**說好一句話，有時候比做好一件事更容易獲得別人的重視。**」
確實，這正是人性的弱點所在，只要懂得掌握說話的訣竅，知道在什麼人面前該說什麼話，就可以讓對方的思路跟著自己走。
言語是溝通、交涉的最佳利器，巧妙之處就在於包裹自己的想法，並且讓對方產生共鳴。
有時候，一句話往往加上幾個裝飾字之後，就可以更巧妙地傳達自己原本想要表達的意思。
想要進行有效的交談，把自己的意見一點一滴滲透進對方的腦海裡，就必須先洞悉人性，掌握對方的心理，
然後巧妙引導對方接受自己的說詞。

# 看穿對方想法
THE ART OF
TALKING
# 說話心理學

楚映天
編著

●出版序●

# 和別人打交道，要掌握說話辦事技巧

懂得如何說話辦事是絕大多數成功人士的兩大資本，想打開人生的僵局，想開創前程遠景，你就必須成為一名說話的高手，辦事的專家。

法國哲學家拉布呂耶爾說：「有時候，談話的妙處並不在於表達自己的想法，而是在引發別人的想法，讓他主動接受自己的觀點。」

深諳說話的藝術，人與人之間就可以在融洽愉悅的氣氛中，交流彼此的想法和看法。有時候，你和對方並沒有交集，但是，透過巧妙的說話技巧，卻可以讓彼此敞開胸懷，順利達成自己的目的。

想提昇自己的競爭力，和別人打交道，一定要掌握說話辦事的訣竅。

說話是一門技巧性很強的應對藝術，直接影響一個人辦事的成功率。也許，你對這種說法不屑一顧，甚至認為有些可笑。事實上，你會這麼認為，是因為你尚未眞正悟透說話的奧妙。

美國加利福尼亞大學羅伯爾克博士在《說話的九大力量》一書中說：「說話看起來輕而易舉，就是要把自己要說的意思表達給對方即可。這是絕大多數人的觀點，當然也是一種淺薄的觀點。我只想問這些人一個問題，為什麼有人在應聘的時候，能夠巧妙展現自己說話的藝術，一下子就勾住老闆的心？為什麼有人應答起來張口結舌，像松鼠一樣顫抖，給老闆留下能力極弱的感覺？很顯然，說話起了關鍵性的作用。」

通用公司前總裁傑克．威爾許說過一句名言：「員工的說話能力，是素質高低的試金石。」

威爾許歷練豐富、閱人無數，會這麼說，自然有一番道理。因為，他知道最高明的說話高手深諳把自己心中的話變爲成功的因子。

說話是聰明人的成功學問。例如，戰國時期「名嘴」張儀和蘇秦就是靠高妙的說話藝術打出了「合縱連橫」的戰術，諸葛亮「舌戰群儒」更是說話的千古一絕的精彩案例。

再如第二次世界大戰時「鐵腕英雄」丘吉爾面臨德軍的強力擠壓，盪氣迴腸的演講激發了英國人民的豪情鬥志，彷彿倫敦整個上空迴盪著「永不放棄，永不放棄，永不放棄……」的戰鬥鼓聲。

試想一下，如果欠缺絕妙的說話藝術，他們豈能成就大事？

本書的特點是：

- 把自己變成一個善於說話的聰明人，用最巧妙的語言，把話說到對方的心裡，為自己順利鑿開一條成功通道。
- 學會臨機應變，把不好說出口的話，透過迂迴戰術，滲透對方的心裡。
- 學會讚美和傾聽，滿足對方的說話慾望，然後再抓住時機，設計地佈置出幾

條可行的套路。

總之，會說話辦事的人知道什麼時候該說什麼，不該說什麼，知道在什麼時候該做什麼，不該做什麼。這些看似尋常，實則蘊含著大智慧、大學問。想要在現實社會中成功，不能光靠埋頭苦幹，還要靠說話的技巧、辦事的能力。

爲什麼對很多人來說，說話和辦事成爲頭等的難題，一張口就會不知所云，一動手就會亂陣腳，導致人際關係不佳？

關鍵就在於，他們沒有把說話與辦事當成一門學問認眞對待，不多加學習，自然難以心想事成。

懂得如何說話辦事是絕大多數成功人士的兩大資本，也是他們成功的跳板。想打開人生的僵局，想開創前程遠景，你就必須成爲一名說話的高手，辦事的專家，讓自己成爲受人歡迎的人！

•本書是《你不能不知道的說話心理學》全新修訂版，謹此說明

## PART  讓你的話語充滿滲透力

恰到好處地使用說話語氣，不僅能充分地表達說話者的意思和情感，而且還能使話語充滿感染力、滲透力。

PART 2

# 發揮幽默感，和緩緊張局面

幽默與機智都可以壓倒別人，顯出自己的聰明之處，也可以鼓起他人的興緻，或緩和緊張的局面，使大家開懷大笑。

PART 

# 把握尺度，善用幽默元素

運用幽默元素時，千萬注意不要拿對方的「痛處」開玩笑，這樣的幽默會讓對方覺得說話者心存惡意或別有用心，因而產生無謂的紛爭。

PART 4

# 幽默的領導人更受人歡迎

幽默感不僅是積極的領導統御策略，更是你的護身符，即使遇上對手的銳利武器，都能靠著幽默全身而退。

# PART 5 善用誇獎，自然能如願以償

拍馬屁不但不會讓對方開心，有時候還會取得適得其反的效果，讓人覺得噁心、虛偽。唯有真心誠意稱讚他人，才會為你帶來好處。

PART 6

# 用恰當的方式，讓對方改變態度

面對別人的冷遇時們必須冷靜地思考，弄清問題的真正原因，這樣才能採取靈活的相應對策，讓對方改善態度。

PART 7

# 笑臉迎人，勝算更多好幾分

溝通中如果少了微笑，言語將顯得黯然無味，倘若少了和氣，交流也無法進行下去。

PART 

# 出色的溝通，少不了真心尊重

每個人都希望自己的特點和風格能被人接受並得到重視，都渴望獲得來自他人的尊重和信任，不願被等閒視之。

PART 9

# 保持良好風範，受人喜歡就不難

若希望自己的談話如同音樂一般動聽，不可忘記在速度應快時要快，音量應高時要高。毫無抑揚頓挫與節奏變化的談話，最易使聽者疲倦。

PART 1.

# 讓你的話語充滿滲透力

恰到好處地使用說話語氣，
不僅能充分地表達說話者的意思和情感，
而且還能使話語充滿感染力、滲透力。

# 風度，代表為人處世的態度

風度不還代表了一個人為人處世的態度。想要與人交涉、溝通圓滿順利，那就必須隨時都表現出謙虛恭謹的態度。

德國心理學家馬克．拉莫斯曾經提醒我們：「不管贊成或者反對某件事，兩種意見總是會有大量的理由。語言的藝術就在於如何充分地表達，但是百分之九十九的人，卻經常忽略說話的重要性。」

每個人價值觀念不同，行事風格大異其趣，說話的方式也不盡相同，因此和別人交道時應當察言觀色，對不同的人應當採取不同的說話方式，並且時時注意變換談話的內容，如此方能建立起更和諧、更廣泛的人際關係。

語言是溝通彼此意見的工具，如能妥善運用，使雙方都能在隨和親切的情況下進行交涉，它就成爲你事業及生活上的利器了。

一個善於會話的人，多半也是一位成功的交涉者。

日本著名作家多湖輝在《言詞的用法》裡面，曾提到有效發揮「語言的力量」的方法：

- 發言、發音力求清晰，要做到這點，就必須儘量張大嘴巴說話。
- 要使用人眾普遍能理解的言詞，這是和對方交談應具備的常識。
- 說話要有分寸，要區別在什麼場合，該說什麼樣的話。
- 要留心自己說話的毛病，避免使用口頭禪。
- 對於言詞運用要準確，力求平順、切題。
- 要懂得說話的技巧，不說模稜兩可的話，而應研究如何以有限的詞語，表達無限的意念。
- 要有豐富的聯想力，讓說話更添風采。

- 要懂得灑脫和幽默，這是增進友誼的靈藥。
- 要培養多種興趣，假如你在意人與人的交往，就應表現出事事關心的態度，並做一個有愛心、有趣味的人。
- 要誠心誠意，要用心去與人溝通、交往，倘若不能做到這點，一切交涉均屬枉然。

要想成為一個善於會話、交涉的人，必須懂得用謙恭的態度對人，只有這樣才能表現出自己的風度和良好的品格。

在談話之中，要隨時注意在適當的時機、地點，表達出適當的言詞。一位電視新聞節目主持人曾說：在日常生活中，千萬不要忘了說「謝謝」這兩個字，因為一個人的風度，往往就在不經意的禮貌中顯現出來。

風度不僅僅是語言的表現，還代表了一個人為人處世的態度。想要與人交涉、溝通圓滿順利，那就必須隨時都表現出謙虛恭謹的態度。

# 如何提高自己的說話技巧？

想要提高自己說話的技巧，除了不斷吸收新知外，就是要多多與人交談，這樣才能從中獲得經驗，讓自己說得更有藝術。

每一次談話，無論內容如何瑣碎，都要掌握重點，這也是談話的目的。掌握重點能夠促進你和對方的關係，你必須使對方知道你是一個有思想、有觀點的人，絕非說話拉拉雜雜、毫無重點，因為無聊、空洞的會話，絕不能使對方對你留下良好的印象。

如果你具有豐富的知識常識，交談之時便可以拿出來當做談資。一個時常參與社交活動的人，當然會與他人頻繁地發生接觸，對於形形色色的世界，自己應當努力去獲取各方面的知識、常識。

怎樣才能得到這些知識、常識，以便在談話之時運用，對彼此有所幫助呢？最好方法，便是每天瀏覽新聞，隨時留意國內外發生的大事。此外，還有個方法便是時常和人談話。

當你閒來無事時可以和別人談談天，交談次數愈多，不單腦子裡可以貯藏更多知識、常識，當成下次談話的資料，而且也可以訓練你開口說話，談話的技術也會更加熟練。

世界著名的談話藝術專家郤司脫．費爾特，曾經教人談話時應該注意下列一些問題。

- 你應該時常說話，但不必說得太長。儘量少敘述冗長的故事，就算要說，也必須貼切而簡要。
- 和人談話之時，要注意到態度。不要拉住別人的衣袖，手腳亂劃地講話，態度要和順一些，切忌妄自尊大，要避免和對方爭論。
- 談話時不要做自我宣傳，把自己捧上天。外表應該坦白而率直，內心應該謹

慎而仔細。

‧談話的時候，姿態可以表現你的誠意，所以要正面向著對方，不要隨隨便便，也不要模仿他。

‧談話之時開口賭咒，閉口發毒誓，是既壞又蠢而且粗鄙的事。

‧高聲哄笑，是文化素養不高的表現。此外，沒有再比咬耳朵，像蚊蟲叫似的談話態度更叫人難受的了！

這位談話藝術專家所列的各條教育人家的談話藝術，值得我們參考。不管什麼性質的談話，必須記住，千萬不可說到會觸怒他人的話題。在你面前聽你談話的人，同時也是觀察者，一定會從談話中窺測你的個性，同時也在留意你日後是否會說他的壞話！

想要提高自己說話的技巧，除了不斷吸收新知外，就是要多多與人交談，這樣才能從中獲得經驗，讓自己說得更有藝術。

# 嚴守分際，才不誤入雷區

人際交往中，除適時地展現自己的優點與長處外，更重要的是嚴守分寸，如此才能避免踏入誤區。

有的人口齒伶俐，在交際場上口若懸河、滔滔不絕，這固然是不少人嚮往的，但是，假若口無遮攔，說錯了話，說漏了嘴，因言行不慎而讓別人下不了台，或把事情搞糟，也是不禮貌的，也是不明智的。

因此，在與人交談時必須注意幾個要點：

● 避免當眾揭對方的隱私和錯處

有人喜歡當眾談及對方隱私、錯誤，這是最應當避免的壞習慣。

心理學研究顯示，誰都不願讓自己的錯誤或隱私在公衆面前曝光，一日被人揭露，就會感到難堪而惱怒。因此，交談時，應儘量避免觸及這些敏感區，以免使對方當衆出醜。

必要時可以採用委婉的話語，暗示對方你已知道他的錯處或隱私，讓他感到壓力，但不必把話說明。知趣的、會權衡的人只須「點到即止」，自然會顧全自己的顏面而退讓。

當面揭短，讓對方出醜，是非常不智的行為，這可能會使對方惱羞成怒，出現很難堪的局面。

● 避免故意渲染和張揚對方的失誤

在交際場合，常會碰到這類情況，有人講了一句外行話，念錯了一個字，搞錯了一個人的名字，被人搶白了兩句……等等。

發生這種情況，對方必然十分尷尬，深怕更多人知道。一般說來，只要這種失誤無關大局，就不必大加張揚，故意搞得人人皆知，更不要抱著幸災樂禍的態度，拿人家的失誤來做取笑的材料。

這樣做不僅對自己無益，也會傷害對方的自尊心，說不定因此結下怨敵。同時，這也有損你自己的形象，人們會認為你是個刻薄饒舌、喜歡落井下石的人，會對你反感、產生戒心，敬而遠之。所以，渲染他人的失誤，實在是一件損人而又不利己的事。

● 避免不給人留餘地

在社交場合，有時會有一些競爭性的活動，比如下棋、乒乓球賽等，儘管只是一些娛樂性活動，但人的競爭心理總是希望自己贏得勝利。一些「棋迷」、「球迷」更是如此，常常忘了這些活動只是娛樂。

深諳社交法則的人，在自己取勝把握比較大的情況下，往往不會讓對方輸得太慘，而是適度給對方留點面子，讓他也贏個一兩局。尤其對方是老人、長輩，你若讓對方狼狽不堪，有時還可能引來意想不到的後果，造成無法收拾的場面。

既然是交流感情、增進友誼的活動，又何必釀成不愉快的局面呢？

在其他的事情上也一樣，集體活動中，獨領風騷的行爲是不利於人際交往的。你固然多才多藝，但也要給別人一點表現自己的機會；你縱使足智多謀，也不妨徵求一下別人的意見。

• 避免參與對方的決策

在社交場合，如果見到幾個人湊在一起密謀事項，最好避開，你若是發表意見、議論，這種情況是很危險的。

因爲這麼一來，你或許會因多說幾句而成了他們的同夥。你縱然能謹守秘密，但消息一走漏，對方必然會懷疑是你洩的密，令你無法辯白。

所以，涉及某些密謀和計劃，你最好裝聾作啞。千萬不要試圖去打探、參與，也不要評說，免得惹來一身腥。

• 避免交淺言深

人際交往中，我們有時結識了新朋友，即使你對他有一定好感，但畢竟是初交，缺乏更深切的瞭解，不宜交淺言深，也不要輕易爲對方出主意。

因爲，你的熱心很可能落得「出力不討好」。

對方若是按照你的主意去做，卻行不通，很可能以爲你在捉弄他，因而怪罪你，即使行之有效，他也不一定會感激你。除非是好朋友，否則不宜說深入的話題。

• 不要奪人功勞

對方若自視甚高、躊躇滿志，也確實有一些能力，深恐功勞被你搶去，這時你講話要注意，一定要當他的面宣揚他的功勞，表明你並無搶功的意思，令他放心。這樣表態，對方就不會因防範而找你碴了。

• 不要強人所難

有些事情，對方認爲不能做，但你認爲應該做；或者對方箭在弦上，不得不發，你卻認爲不該做，或做不了。這種時候，你不要把自己的意見強加於人。強人

所難，是不禮貌，也是不明智的。

• 避免說話不看時機

有的人說話時無視旁人、滔滔不絕，不看別人臉色，不看時機場合，只管滿足自己的表現慾，這是修養不佳的表現。說話應注意對方的反應，不斷調整自己的情緒和講話內容，使談話更有意思，更爲融洽。

在人際交往中，除適時展現自己的優點與長處外，更重要的是嚴守分際，如此才能避免踏入雷區。

# 真心聆聽，才能獲得信任

傾聽的原則最主要在於真心與耐心，並適時地進行鼓勵和反饋，唯有真心誠意地傾聽對方的談話，才可得到對方的信任。

英國作家斯威夫特說：「在交談當中，有的人用些陳腔濫調折磨著每一個賓客，不讓自己的舌頭休息片刻，卻自以為是學識淵博。」

不尊重別人感受與立場的人，不管擁有如何高深的學識，最終只會引起別人的討厭與嫌惡，很難達到有效溝通的目的。

說話辦事之時，態度要不卑不亢，在論述自己意見的同時，如果能同時運用傾聽的技巧，流露出尊重對方立場的態度，無形之中就會讓彼此的交流愈來愈順暢。

・真心願意聽，並集中注意力

如果你沒時間，或因別的原因不想傾聽某人談話時，最好客氣地提出來：「對不起，我很想聽你說，但我今天還有其他事必須完成。」

如果你不是眞心願意聽卻勉強應付，或裝著傾聽，有可能會不自覺地開小差，對方會對你的心不在焉產生不滿。設身處地想想，對一個漠視你談話又勉強應付的人，你的感覺會如何？

傾聽別人說話可能會耽誤一些時間，但傾聽對自己和對方都有好處，如果時間允許，那就專心傾聽他人談話，對增進彼此的情誼會有很大助益。只要眞心眞意，就能集中注意力。

・要有耐心

要等待或鼓勵說話者把話說完，這是傾聽的前提。

有些人語言表達能力不好，說話可能會有些零散或混亂，但你要有足夠的耐心，讓對方把事情說清楚。

如果聽到不能接受的觀點，甚至某些傷感情的話，也不必急忙打斷，應該耐心聽完。你不一定要同意對方的觀點，但可表示理解。

一定要想辦法讓說話的人把話說完，否則無法達到傾聽的目的。

• 避免某些不良的習慣

隨便插話打岔、改變說話者的思路和話題、任意評論和表態、把話題拉到自己的事情上來、一心二用做其他事……等等，這些都是常見的不良習慣，會讓人留下不良印象。

聽別人說話之時，這些壞習慣應該避免出現，要把注意力集中在傾聽、理解對方所說的話上，迴避一些不利傾聽的習慣。

• 適時進行鼓勵和表示理解

傾聽一般以安靜細聽爲主，臉向著說話者，眼睛看著對方的眼睛或手勢，以身體輔助語言。同時，必須用簡短的語言如「對」、「是的」等，或點頭微笑進行適

時的鼓勵，表示你的理解或共鳴，讓對方知道，你在認真地聽，並且聽懂了。

如果沒聽懂，可以要求對方重複一遍，或解釋一下，這樣說話的人就能順利地把話說下去。

• 適時做出反饋

當說話者的話告一段落時，你可以做出聽懂對方話語的反饋。準確的反饋對說話者會有極大的鼓舞，比如：「你剛才的意思是……」、「你的話是不是可以這樣來概括……」等等。

傾聽的原則最重要在於眞心與耐心，並適時進行鼓勵和反饋，唯有眞心誠意地傾聽對方談話，才可得到對方的信任。

# 透過表情打動對方的心

微笑是待人友好的表露，無論進行什麼形式的溝通，首先要打動對方的心，所有表情當中最能贏得人心的就是微笑。

美國心理學家艾帕爾·梅拉別思曾總結出這樣的公式：「情感表達是七%的言詞，加三十八%的語調，再加上五十五%的面部表情。」

表情語言是透過面部表情來交流思想感情、傳遞訊息的語言，它是肢體語言中最重要的一種。

有人統計，在人類的肢體語言中，表情語言就佔了三十五·七%。

其中，光眉毛的動作表情就有二十餘種：皺眉表示為難，橫眉表示輕蔑，揚眉表示喜悅，展眉表示寬慰，擠眉表示戲謔，低眉表示順從，鎖眉表示憂愁，喜眉表

示歡愉，飛眉表示興奮，豎眉表示憤怒……等等。

嘴唇的表情性也極其豐富：撇嘴表示不願，噘嘴表示不快，抿嘴表示害臊，舒嘴表示放鬆，咧嘴表示不高興，歪嘴表示不服等。

正因為面部表情能如此靈敏、細膩、微妙地表達人們內心極其複雜的情感，因此法國作家羅曼．羅蘭強調指出：「面部表情是多少世紀培養成功的語言，是比嘴裡講的更複雜千百倍的語言。」

• 微笑

微笑是面部略帶笑容，這是一種不出聲的笑，有著極其豐富的內涵。

培根有句名言：「含蓄的微笑，往往比口若懸河更為可貴。」

當你到商店購物時，希望服務人員微笑服務；當你拜訪客戶時，希望看到對方的笑臉；當你向上級彙報工作時，期待著上司滿意的微笑；當你回到家裡時，期望看到親人溫馨的微笑；當你工作上遇到困難、出了差錯時，又多麼希望獲得理解和諒解的微笑。

微笑是善意的標誌，可以柔克剛、溝通情感、融洽氣氛、緩解矛盾，為說話、溝通打下良好的基礎。

活在商業社會，免不了要與各式各樣的人打交道，應該善於運用微笑這項「武器」來處理好人與人之間的關係。

發自內心的微笑是美好心靈的呈現，也是心地善良、待人友好的表露，是一個人文化、風度、涵養的具體體現。

試想，如果面部表情淡漠，或緊皺眉頭、鐵青著臉，或惡聲惡氣，又怎能與人溝通、辦好事情呢？

無論進行什麼形式的溝通，首先要打動對方的心，所有表情當中最能贏得人心的就是微笑。平日在運用微笑傳情達意時，一要眞誠自然，二要適度得體，千萬不可皮笑肉不笑、虛情假意地笑。

硬「擠」出來的笑，只會令人反感、不舒服！

• 眼神

在面部表情中，最生動、最複雜、最微妙，也最富有表現力的，莫若眼神了。眼神是運用眼睛來表達感情、傳遞訊息的無聲語言。如果說臉孔是「心靈的鏡子」，那麼，眼睛就是「心靈的窗戶」了。

在肢體語言中，眼睛最能傾訴感情、溝通心靈。眼神千變萬化，表露著豐富多彩的內心世界。

與人交談時，正視對方，表明對對方的尊重；斜視對方，表明對對方的蔑視。看的次數多，表明對對方的好感和重視；看的次數很少或不屑一顧，表明對對方的反感和輕視。

眼睛眨動的次數多，表示喜悅和歡快，也可表示疑問或生氣；眼神眨動的次數少甚至凝視不動，表示驚奇、恐懼和憂傷。

如果不敢直視對方，可能是因爲害羞，也可能有什麼事不願讓對方知道。如果懷有敵意的雙方互相緊盯著，其中一方突然把眼光移向別處，則意味著退縮和膽怯。

如果有一方不停地轉動著眼球，這就要提防他打什麼新主意或壞主意。如果是頻繁而急促地眨眼，也許是表示羞愧、內疚，但也可能表明他在撒謊。

瞬息萬變的眼神，正是人們蘊藏於內心深處複雜思想和豐富感情的不自覺流露。

說話辦事時，如果能恰當地運用眼神，可以增強有聲語言的表達效果。平日與人交往中，如果用眼神和對方交流，眼睛流露出熱情、眞誠的神色，就會使對方感到你對他的歡迎和尊重，認爲你是可信賴的人。

# 說話靈活，才能收到好效果

想鍛鍊卓越的語言技巧，必須對語言的感覺很有把握，必須要有豐富的辭彙和多變的音調，而且使用流暢、漂亮的用語，這樣才能表現出靈活的魅力。

良好的談吐可以助人成功，蹩腳的談吐則讓人處處碰壁。在日常生活中，我們可以看到，有的人口若懸河，有的人期期艾艾，有的人談吐雋永，有的人語言粗鄙，有的人唇槍舌劍，有的人講話不知所云……

人們的口語表達能力有高低之分，說話的效果也天差地別的。因此，想要成爲說話高手，就必須先把握其中奧秘。

一個人的話語能不能被別人接受，取決於可信度，而要提高可信度，在形象上要做到衣著恰當、舉止大方、談吐自然得體、眼神專注、表情沉穩。

不同的人接受他人意見的方式和敏感度都不同。

一般來說，文化水準較高的人，不屑聽膚淺、通俗的話，應多用高雅的詞句。文化層次較低的人，聽不懂高深的理論，應多舉明顯的事例。剛愎自用的人，不宜循循善誘，可以激他；喜歡誇大的人，不宜用平實的話語，不妨多加誘導。生性沉默的人，要多挑動他發言；脾氣急躁的人，用語要簡明快捷。思想頑固的人，要看準他的興趣點，進行轉化；情緒不穩定的人，要讓他恢復正常後才談。

只有知己知彼，才能對症下藥，收到最好的效果。

進行對話前，你有必要對下列問題仔細地考慮：你要對誰講？將要講什麼？爲什麼要講這些內容？怎麼講法？有什麼有利因素和不利因素？

有一次，美國前國務卿季辛吉對周恩來說：「我發現你們中國人走路都喜歡弓著背，而我們美國人走路大都挺著胸！這是為什麼？」

對季辛吉這句話首先要做出準確的判斷，是惡意，還是玩笑？

這不能說是友善的話語，但也沒有明顯的惡意，話語帶有調侃的色彩。所以，周恩來用調侃的口吻回答說：「這個好理解，我們中國人走上坡路，當然是弓著的；你們美國人在走下坡路，當然是挺著胸的。」

說完，季辛吉哈哈大笑。

周恩來的應變確實敏捷，分寸掌握得十分恰當，既有反唇相譏的意味，又帶有半開玩笑的情趣；既不影響談話的友好氣氛，又表現了自信，可謂恰如其分，表現了卓越的語言技巧。

想鍛鍊卓越的語言技巧，無論對象是男性還是女性，都必須對語言的感覺很有把握，必須要有豐富的辭彙和多變的音調，而且使用流暢、漂亮的用語，這樣才能表現出靈活的魅力。言爲心聲，語言的使用，取決於說話者的思想水準、文化修養，但講究語言的藝術也同樣十分重要，因爲同樣一件事，從不同的人嘴裡說出，往往會收到不同的效果。

# 讓你的話語充滿滲透力

恰到好處地使用說話語氣，不僅能充分地表達說話者的意思和情感，而且還能使話語充滿感染力、滲透力。

說話是交流訊息、傳情達意的一個重要手段，至於聲音則是透過發音器官的有意識控制表現出來的。根據說話時用聲用氣的心理狀態及規律，我們可以把聲和氣簡單地分爲以下幾種類型。

・和聲細氣

這種聲音和語氣宛如柔和的月光和涓涓的泉水，由人心底流出，不僅輕鬆自然、和藹親切、不緊不慢，還能給聽者舒適、安逸、細膩、親密、友好、溫馨的感

覺。人在請求、詢問、安慰、陳述意見時常使用這種聲音和語氣，這種聲和氣的運用更具有一種迷人的魅力。

・輕聲和氣

它可以表現說話者的尊敬、謙恭、謹慎和文雅。

和別人交談時，輕聲和氣可以縮短人與人之間的感情距離，拉近雙方之間的關係，有時還能避免一些可能會招致的麻煩。

・大聲吼氣

大聲吼氣可以表現說話者的英勇精神、堅強意志和剛毅決心。

此外，它還表示威脅、指責、氣怒、宣洩等意思，並且有著強化意識、渲染氣氛、深化表現力度等作用。

・高聲大氣

這是一種用來召喚、鼓動、說理、強調和表達自己激動心情的聲和氣，可以表現說話者的激情和粗獷豪放的氣質。

雖然高聲大氣和大聲吼氣都屬於高音頻和高調值，但是，它和大聲吼氣卻有所不同，通常是用來表示極度的歡喜或慷慨激昂。

・粗聲粗氣

日常工作和生活中，人難免會遇到一些麻煩或苦惱，粗聲粗氣地說話便成了一種自我排憂解愁的好方法。

不過，聽者習慣把粗聲粗氣與指責、反駁、訓斥、頂撞、反感、抱怨等內涵聯繫在一起。因此，情緒不佳時要提醒自己，不要使用這種方式說話。

・惡聲惡氣

世界雖然美好，但仍然有心術不善的人或令人深惡痛絕的事。用惡聲惡氣來斥責這些醜惡的人或事，可以表達警告、怒斥、敵視、憎恨、蔑視、制止等意思。此

外，它還代表著說話者正在宣洩不滿和憤怒等情緒。

• 冷聲冷氣

由於某種特殊的原因，說話者不能或不便使用惡聲惡氣公開表示自己和情感，便會用冷聲冷氣代替。冷聲冷氣除了可以間接地表達惡聲惡氣所表示的意思外，還表示厭惡、譏諷、挖苦、不願意、不贊成等意涵。

• 怪聲怪氣

人習慣把自己憎惡或討厭的人在說話時所使用的聲和氣看做是怪聲怪氣。因而，這種聲和氣常含有貶義。

不過，在有些場合，模仿自己憎惡或討厭的人的怪聲怪氣，倒能表示蔑視、憎惡等意思，產生挖苦、嘲諷等作用。

• 低聲下氣

說話者對有身分、有地位、有某種特殊背景，或是自己敬重的人說話時，爲了表示尊敬，會採用這種特殊的聲和氣。不過，頻繁使用會被看做是奴顏媚骨的表現。

• 唉聲歎氣

人不時會遇到一些憂愁苦悶、不快或自己力不及的事情。唉聲歎氣是發洩說話者內心的苦悶和表示因自己無能而感到抱歉、追悔和內疚。

• 怨聲怨氣

遇到不公正、令人不滿和不快的人或事情，很多人會在言語中表露埋怨、哀怨、不滿、不快等情緒。從某種角度來說，這也是一種發洩內心不快和自我安慰的方法。

• 有聲無氣

在某些情況下，有的人說起話來有氣無力。這種說話方式表明說話者精神沮喪、意志消沉、心煩意亂、缺乏興趣或體力不濟。

• 吞聲忍氣

這是一種有意識的吞音現象，通常表示說話者內疚、恐懼、慚愧、遺憾、無奈、懦弱等心理狀態和性格特徵。常言的「欲言又止」在一定程度上也屬於這種範疇。

• 屏聲屏氣

由於某種特殊的原因，說話者無意識地暫時抑止聲和氣，或者有意識地閉住聲和氣，這樣往往能製造某種設想的說話效果，比如吸引、被吸引、尊敬、謹慎等等。

• 泣聲悲氣

當說話者感到悲憤、蒼涼、傷感時，說起話來便會帶有無意識的泣聲悲氣。善於表演的人能藉此表現極度的哀傷，喚起聽者的憐憫和同情。這種聲和氣的最大特點就是氣多於聲。

不同的聲和氣表達著不同的意思，因此說話時，不僅要注重遣詞用字，更應該要選用好恰當的聲和氣。這一點十分重要，否則再美的詞語也會失去光彩，並很有可能引起對方的猜疑、妒忌、不滿、反駁、敵視、唾棄和嘲笑。

使用聲和氣的時候，還必須遵循下列幾項基本原則。

・貼切語義

聲和氣所表示的特定意思是長期使用過程中逐步形成的，不能根據個人的好惡隨意地違背或者改變。

例如，我們不能大聲吼氣來抒發自己的柔情蜜意，不能用粗聲粗氣來稱讚別人，更不能用惡聲惡氣來表現激動的心情，否則就不能準確地表達本意，甚至還會

招致麻煩和痛苦。只有遵循聲和氣的語義特點，選用恰當的聲和氣，才能準確地表達思想感情。

・避免歧義

相同的詞語配上不同的聲和氣，往往會產生不同的意思，這是語言的一種歧義現象。

有些話粗聲粗氣說，表示反感、抱怨、指責；惡聲惡氣說，表示怒斥、憎恨、警告；陰聲陰氣說，表示詛咒；因此，要盡力避免可能出現的歧義現象。

・區別對待

不能忽視說話對象的年齡、性別、社會地位、文化修養等因素，也不能不分使用的時間及場合。要根據說話對象和不同場合，選用不同的聲和氣。

恰到好處地使用說話語氣，不僅能充分表達說話者的意思和情感，而且還能使話語充滿感染力、滲透力。

# 要讓自己的話語生動有趣

生動的語言才能悅耳動聽，讓人有如沐春風的感覺，才能吸引到別人說話的興趣，平時一定要練習自己的說話技巧，才會更受喜愛。

有些人講話很容易給人生硬、僵化的印象，枯燥的語言、乾巴巴的語氣，最容易令人反感，也提不起別人說話的興趣。

因此，不論什麼形式的交談，都必須讓自己的話語生動有趣。

生動的語言具有下列幾個要素，能夠像和煦的春風一樣讓和你交談的人感到自然、親切。

第一，淺顯易懂

說話應該淺顯易懂，避免使用深奧難懂的詞彙和字眼。但口語化不等於不加選擇地使用日常用語，仍然要講求語言藝術和說話技巧，不要流於粗俗。

淺顯易懂並沒那麼容易做到，因為要用大眾易於理解的語言表達出深刻的思想觀點、複雜的事件、重要的問題，沒有一定的語言功底是達不到的。

第二，樸實自然

一般人用耳朵接受訊息，往往不那麼全神貫注，如果拐彎抹角、賣弄文字遊戲，對方就會感到費解。樸實無華、自然順暢的話語才能使聽眾易於理解。

第三，簡短明晰

在一個句子中只表達一種意思或觀點，經由簡短的詞語組成的陳述句，最能夠達成溝通的效用。要盡可能減少混亂，清晰地敘述一件事，才能讓聽眾一聽即懂。

第四，多用雙音詞

單音詞只有一個音節，一閃即過，而雙音詞有兩個音節，音波存在時間長，會給人印象深刻一些。例如：把「曾」換成「曾經」，把「雖」換成「雖然」，把「乃」換成「就是」等。

第五，節奏感強

應該儘量使語言有節奏感，因爲節奏感強的語句會給人和諧的聽覺感受，容易記憶，也容易接受。

說話加強節奏感，聽衆也會跟著有精神、來情緒；如果說起話來慢條斯理，拖泥帶水，聽衆往往會產生疲倦的感覺，提不起精神，失去傾聽的耐心。

生動的語言才能悅耳動聽，讓人有如沐春風的感覺，才能吸引別人對話的興趣，平時一定要多加練習自己的說話技巧，才會更受喜愛。

PART 2.

# 發揮幽默感，和緩緊張局面

幽默與機智都可以壓倒別人，
顯出自己的聰明之處，
也可以鼓起他人的興致，
或緩和緊張的局面，使大家開懷大笑。

# 精通幽默竅門，創造歡樂氣氛

幽默的效用在於，它能立時改變氣氛，又不會惹人反感。即便有些幽默暗藏諷刺，也因說話者的表達方式風趣，令被譏笑者無言可應。

想成爲受人歡迎的人，就必須掌握幽默的說話技巧。

有時候，你和對方並沒有交集，但是，透過巧妙的說話技巧，卻可以讓彼此敞開胸懷，順利達成自己的目的。

幽默本身就是聰明、才智、靈感的結晶，能使人的語言在轉瞬之間放出智慧的光芒。幽默在日常生活中能發揮點綴、調和、調節的作用，它是語言的潤滑劑，能使緊張的情緒頓時消失，劍拔弩張的可怕氣氛也會因此緩和下來。

有一年，英國一位能言善辯的社運人士在大街上發表演說。講到社會的種種弊

病時，他情緒異常激昂，斬釘截鐵地大聲喊道：「要讓這些腐敗的官員清醒，唯一的辦法就是將宮殿和眾議院燒掉！」

當時，街上有一大群密密麻麻的聽眾，使車輛與行人無法通行。維持交通秩序的員警湯姆森見狀，幽默地向人群喊道：「請各位散開！要燒宮殿的請到左邊去，要燒眾議院的請到右邊來。」

湯姆森這句幽默又滑稽的話語逗得人們哈哈大笑，在一片笑聲中，人群就自行散開了。

要想學會運用幽默語言加強本身的魅力，得先掌握若干詞語組合的技巧。常用的技巧有如下幾點：

## •巧用對比

某市一位處長邀他幾位在縣裡當官的同學和故友在一家餐廳聚餐，同時被邀的還有兩位早年輟學且後來境況淒苦的小學時代同學。

當這兩位不得志的同學提前來到餐廳時，在縣政府任職的那幾位同學還未到場，不過處長已先到。

處長與兩位同學寒暄過後，其中一個竟問處長說：「你現在是處長，今晚請的又都是縣裡的官，但我們倆既不是當官的，又窮困得很，你怎麼會想到要邀我們兩個呢？」

只見處長不急不徐地說：「因為，今晚我要做的正是一項扶貧濟困的社會福利工作啊！」

處長故意將請故友吃飯和扶貧濟困的社會福利工作牽扯在一起，使自己的話產生幽默感。

### ●拆散固定詞語

某市一家奶粉工廠的廠長，上午一進辦公室，就被兩個業務員纏住了。這兩人憑著一紙介紹函及三寸不爛之舌，提出要購買兩萬袋奶粉，付款方式為先付十%的訂金，餘下九十%的貨款待貨到後一次全部付清。

不過，任憑這兩名業務員怎麼說，廠長完全不為所動，絲毫沒有與他倆談這筆

買賣的意思。

這兩名業務員足足纏了二十分鐘後，發現廠長的態度始終十分冷淡，並且一直露出不耐煩的神情，只好放棄地告辭了。但是，快走出廠長辦公室時，其中一位業務員故意對另一位大聲說：「要知道他是這種態度，八人大轎也請不動我倆！哼，白白浪費了二十分鐘！實在是對牛彈琴。」

廠長明知道是罵自己，但他並沒發火，因為這類業務員、推銷員、商界說客乃至騙子，他見多了，犯不著動氣。

所以，他只是大聲回敬了那兩位剛走出辦公室的業務員這麼一句話：「說得對，剛才竟有兩頭牛彈了二十分鐘的琴！」

廠長在關鍵時刻善於拆開固定詞語再巧妙組合，既幽默風趣，又巧妙地回擊了那位業務員的粗野與無禮。

## • 妙用同音多義詞

在需要的時候，巧妙運用同音多義詞可獲得極好的效果。下面這一段對話就將同音多義詞運用得恰到好處，更對當前社會的醜惡行徑做了深刻的諷刺。

鄭先生說：「老王，你的條件完全符合規定，但怎麼一直沒升官呢？」

王先生說：「除了當時有人誣告、陷害之外，這三、四年來，我每次請人幫我推薦時，都是無禮（理）的要求呀！」

## •適時插入幽默辭彙

有位進口洋煙的推銷員在鬧區繁華街道口不斷叫賣，說得口沫橫飛：「英國進口香煙，芳香味正，能提神益智，價格合理……」

一位知識分子模樣的中年男子擠到煙攤前，瞄一眼進口香煙，隨口冒出一句話：「抽了這英國進口煙，小偷不敢進屋，狗不敢咬，而且人永遠不會老。」

煙攤前一堆人聽到這句話，全愣住了，唯有推銷員樂極了，連忙大聲說：「還是知識份子高明！大家不妨聽聽這位專家對英國進口香煙的高度評價。」

只見這位知識型中年人似笑非笑地說：「抽洋煙的人整夜咳嗽，小偷敢進屋嗎？抽煙的人身體虛弱，走路得拄著枴杖，狗敢咬他嗎？抽煙的人易得癌症，怎麼

能活到老呢？」

煙攤前的人一聽，人人哈哈大笑，只有推銷員霎時變了臉色，但一時又不知該回應什麼。

幽默的效用在於，它能立時改變氣氛，又不會惹人反感。即便在上述例子中，有些幽默話語暗藏諷刺，但也因說話者的表達方式風趣，令被譏笑者無言可應。

# 避開忌諱，讓笑話創造無限快樂

只要避開說笑話的忌諱，就能使笑話發揮最大的效果，讓每則笑話都能為生活多添加一點快樂、活潑的色彩。

法國哲學家拉布呂耶爾說：「談話的妙處並不在於表達自己的想法，而是在引發別人的想法，讓他主動接受自己的觀點。」深諳說話的藝術，人與人之間就可以在融洽愉悅的氣氛中，交流彼此的想法和看法。

在辦公室裡，不論是上司、同事或部屬，都愛聽笑話，也總愛講一些笑話爲生活增加笑料與樂趣。但要注意，講笑話不同於一般的語言交際，它有特別忌諱的地方。

這些忌諱主要有以下五種：

● 不可重複滑稽的動作

一個人如果一次或兩次地做一些滑稽動作，會給人帶來突如其來的幽默感，這些動作通常也會逗得大家哈哈大笑。不過，要注意的是，這類滑稽動作不可重複做。多次重複同一個滑稽動作，不僅使該動作的娛樂性降低，還讓人感到做作。

● 講笑話忌勉強

講笑話的目的在於活絡氣氛，因而笑話多半就當時的話題加以發揮，為眾人帶來笑料。

所以，講笑話時切忌勉強，每則笑話一定要與當時的話題與場合吻合，不可偏離，要不然這則笑話就沒有任何意義了。例如，參加同事或部屬的婚禮時，在這種喜慶氣氛中，大家應該談一些輕鬆、高興的話題，如果講一些婚變、死亡之類的笑話，必定不合時宜。

**•忌說肯定的話**

有人在講笑話之前，唯恐講完之後大家都不笑，就預先肯定地說：「這是非常有趣的笑話，大家一定會感到非常好笑！」

結果，也許本來笑話很有趣，大家可能會笑，但聽他這麼一說，反倒感到一種強迫感，結果就不笑了。

因此，講笑話時，切忌說這樣的肯定話語，以免降低「笑」果。

**•切忌自己先笑**

看相聲表演時不難發現，表演者多半說得妙趣橫生，但表情卻一臉嚴肅，這種反差卻不禁讓觀眾們哈哈大笑。相反，如果表演者邊大笑邊說，觀眾就不會覺得太有趣了。

同樣的道理，如果還沒說完笑話就已哈哈大笑，會讓聽者覺得很牽強，那即使管理者勉強講完笑話，也不會讓人覺得有趣。

## •不講諷刺的話

講笑話時，應該講些內容健康積極的笑話，最好含有激勵性，這樣才能顯現出笑話的魅力。

切忌講一些諷刺性的笑話，因爲帶有諷刺性的話容易引起他人反感，至於含有恨意的攻擊性笑話，則更應該避免。

笑話可說是幽默藝術的結晶，雖然可能只有三言兩語，雖然可能只是個極短的小故事，卻能帶給人無限歡樂。只要避開說笑話的忌諱，就能使笑話發揮最大效果，讓每則笑話都能爲生活多添加一點快樂、活潑的色彩。

# 運用幽默創造愉快談話氣氛

在類比幽默這種辦法中，類比對象的差異性越大、不協調性越強，造成耐人尋味的幽默意境就越佳。

幽默是種充滿智慧的藝術，人們之所以青睞幽默藝術，是因爲人們喜愛歡笑、喜愛歡樂。

傳統意義上的笑，意味著快樂和高興。用幽默法讚美他人，更是快樂中的快樂。常見的幽默讚美人辦法有如下數種：

- **改變語境**

將一種語體的表達改變爲另一種完全不同的語體風格，常讓人忍俊不禁。若用

這種方式讚美別人，會使他人在輕鬆愉悅的狀態下欣然接受。

有一個相貌平凡的男孩，就是用這種新穎的讚美方式，擄獲了貌美的嬌妻。他的妻子幸福地訴說他們之間浪漫的愛情，「當時我在一間銀行裡當出納員，有個年輕人幾乎每天都到我負責的窗口存款或提款。有一天，直到他把一張紙條連同存摺一起交給我時，我才明白他每天來銀行是為了我。」

「在那張紙條上寫著：『親愛的，我一直在儲蓄這個想法，期望能得到利息。如果週五有空，妳能把自己存在電影院裡我旁邊的那個座位上嗎？我把妳可能已另有約會的猜測記在帳上了。如果真是這樣，我將取出我的要求，把它安排在星期六。不論兌現率如何，妳的陪伴始終是十分愉快的。我想妳不會認為這要求太過分吧！我隔天再來同妳核對。』我實在無法抵抗這種誘人、新穎的求愛方式。」

這名年輕人沒有俗套地說「妳好漂亮」，而是相當高明地說：「不論兌現率如何，妳的陪伴始終是十分愉快的。」他將對方的專業詞彙運用於談情說愛中，生動地表達了他的愛意。

改變語境有許多種方法，如「褒詞貶用」、「貶詞褒用」、「今詞古用」、

「古詞今用」、「俗詞雅用」、「雅詞俗用」，這些辦法可以令詞語充滿活力，令讚美話語增加情趣。

● **運用仿擬**

恰當運用仿擬可以幫助彼此溝通和交流情感，可以把原本很生硬、很單調的讚美化爲生動活潑、詼諧幽默、趣味橫生、新穎奇妙的話語。

仿擬主要借助某種違背正常邏輯的想像和聯想，把原來適用於某種環境、現象的詞語，用於另一種截然不同的新環境和現象中，以產生新鮮、奇異、生動的感覺。

在一次朋友聚會中，每個人都要自我介紹，其中有個叫「秦國生」的男孩也做了自我介紹。

在他自我介紹後，是另一個女孩的自我介紹。女孩說：「本人自覺渺小，所以姓蕭，名曉，只好拜託諸位多加關照。特別是秦國生老兄，他堪稱元老級人物，因為他的年紀是最大的。剛才仔細一算，畢竟他是秦始皇併吞六國時出生的，竟然已

經兩千多歲了啊！」

這位女孩將秦國生仿擬成「秦始皇併吞六國時出生」，也就是將現在的字詞及語句格式創造成新的字詞及語句格式，出人意料地把毫不相干的事情扯在一起，內容風馬牛不相及，這就創造出幽默性。

### ●類比幽默

用類比幽默讚美同事或部屬，就是把兩種或兩種以上互不相干，彼此之間沒有聯繫的事物放在一起對照比較，雖然顯得不倫不類，但又含有讚美之意。

據說，有一次拿破崙在歌劇院裡看歌劇時，見另一個包廂裡坐著著名的作曲家羅西尼，就叫侍從請他過來。

羅西尼當然趕緊來到拿破崙的包廂，跪下請罪說：「皇帝陛下，請恕我沒有穿晚禮服來見您。」

但是，拿破崙卻語出驚人地說：「我的朋友，在皇帝與皇帝之間，禮儀是不存在的！」

拿破崙將羅西尼也稱爲「皇帝」，這句幽默之語是對羅西尼極高的讚賞，以致於他從此有了「音樂皇帝」的尊稱。

在類比幽默這種辦法中，類比對象的差異性越大、不協調性越強，造成耐人尋味的幽默意境就越佳。

在如此幽默的談話氣氛裡，讚美詞必令人人喜愛，沒有人會因爲被讚美而不知所措，反而會特別開心。

# 發揮幽默感，和緩緊張局面

幽默與機智都可以壓倒別人，顯出自己的聰明之處，也可以鼓起他人的興致，或緩和緊張的局面，使大家開懷大笑。

《聖經》上有這麼一句話：「人們若有一顆快樂的心，會遠勝於身懷一只藥囊，可以治療心理上的百病。」

機智和幽默如果運用得當，不但可以帶給周遭的人快樂，還可以幫人們化險爲夷。

機智是以智力爲基礎，很多人可以憑著機智把表面上不相干的事情，巧妙地連結在一起。它可以在文句上搬弄花樣，但是不一定會令人發笑。

至於幽默和機智不同，幽默不僅是在字詞上賣弄玄虛，更是得體的玩笑，可以人忍俊不住。

譬如，有個人穿了全身名牌，走起路來神氣活現，不料正自鳴得意的時候，卻踩到一塊香蕉皮，跌得四腳朝天。

這情景當然是可笑的，因爲他本來威風的模樣和摔跤後狼狽的態度正好形成對比。反過來說，他如果是個衣衫襤褸的窮人，長得一副可憐相，摔跤時不致會引起人們注意，因此也無所謂可笑了。

幽默與機智都可以顯出自己的聰明之處，也可以鼓起他人的興致，或緩和緊張的局面，使大家開懷大笑。

用機智和幽默鼓起他人的興致，別人會心懷感激。一句笑話可以像一縷陽光似的驅散重重烏雲，一切懷疑、悒鬱、恐懼，都會在一句恰當的笑話中消失無蹤。

機智運用得法，可以使敵人啞口無言，還可以解除尷尬的局面，贏得別人的鼓掌與喝采。

一則有關於馬克．吐溫的笑話正可以表現出這樣的特點。

馬克・吐溫去拜訪法國名人波蓋之時，波蓋故意取笑美國的歷史很短，說道：「美國人沒事的時候，總愛想念他的祖先，可是一想到他祖父那一代，便不得不停止了。」

馬克・吐溫一聽，便以充滿詼諧的語句說：「當法國人沒事的時候，總是盡力想找出究竟誰是他的父親。」

不過，這類機智是危險的，不是一般人能使用，因爲它可以把一粒星火煽動成熾烈的怒焰，和對方爭辯的結果不是全面得勝，就是一敗塗地。所以，除非必要，不要隨便嘗試採用這類較激烈的機智。

幽默是有區別的，有些文雅，有些暗藏深意，有些高尙，有些低級。低級的幽默形同譏笑，往往一句話就足以令人勃然大怒。所以，運用幽默話語時，應該使它高尙、斯文才好。

若是一味說俏皮話、無限制的幽默，結果反而會不幽默。

譬如，若把一個笑話反覆說三、五遍，起初別人還會覺得很風趣，到後來聽厭了之後，便不再感興趣。

運用幽默時也要注意，若沒有適時適地善加運用，反倒會令人厭惡。例如，若眾人聚精會神地研究一個問題，你卻忽然在這時插進一句全無關係的笑話，這不但不會引人發笑，說不定還反遭白眼相待。

另外，如果幽默含著批評的意味、帶著惡意的攻擊，或者專門挖苦別人醜陋的事情，這些話還是不說爲妙。

# 用自我解嘲贏得他人好感

將自己的缺陷大方呈現在別人面前的說話方式，往往引起人們大笑後的好感，亦可加深自己在別人心中的印象。

著名的思想家恩格斯曾經說過：「幽默是具有智慧、教養和道德上優越感的表現。幽默感是人高尚的氣質，是文明的體現。因此，一個社會不能沒有幽默。」一個擁有幽默感的人，總是能打破沉悶的氣氛，爲人們帶來歡樂與笑聲。

有人說幽默就像精靈，隨時出現在人們的周圍，讓人們汲取著它的靈氣，它以愉悅的方式表達出一個人的眞誠、大方和心胸豁達。

幽默是輕鬆簡潔又情趣盎然的語言。

沒有幽默感的語言就如一篇公文，沒有幽默感的人就如一尊雕像，沒有幽默感的家庭就如一間旅社，沒有幽默感的社會更是不可想像的。

幽默的形式多種多樣，一般有自我嘲諷、張冠李戴、旁敲側擊、順水推舟、諧音雙關、借題發揮等等，如果運用得法，肯定會獲得良好的效果。

幽默的第一步，就是要能夠冷靜客觀地剖析自己。透過對自身的細心觀察，會發現自己並不是十分完美，是一個帶有缺陷和庸俗的平凡人。

這時，如果藉著冷靜發現眞實自我後的評判，以幽默語言加以表達，於是就產生了自嘲式的幽默。

這種將自己的缺陷大方呈現在別人面前的說話方式，往往會引起對方大笑後的好感，亦可加深自己在別人心中的印象。

例如，螢光幕上的諧星們，多半沒有亮麗出衆的外表，在歌唱或演戲等方面也不見得有雄厚的實力，但他們靠著幽默的語言與表演方式，爲衆人帶來歡笑，更在競爭激烈的演藝圈中，爲自己開創出一片天空。

在這些諧星們常用的幽默招式中，自我解嘲是一種常見的方式。這些諧星們多半不英俊也不貌美，甚至可說是其貌不揚，但他們透過自嘲式的幽默，反將自己外貌上的劣勢轉為優勢，讓觀衆們留下深刻的印象，甚至成為衆人津津樂道的話題。

不要拘泥於自我意識中，也不要硬是模仿他人的幽默語言，應該發掘自身的幽默話題，並將幽默的談吐不斷往更高層次昇華。如此，相信過不了多久時間，就能成為一個具有幽默感的人了。

# 曲解「真意」，製造幽默涵義

人們說的話往往有「表意」和「真意」之分。將話語中的「真意」棄之不顧，只取話語的「表意」，就是位移幽默的根本技巧。

不少人都希望自己能言善辯、妙語如珠，幽默詼諧地和周遭的人交談。這時，若能把握位移幽默的技巧，就能爲自身談吐增色不少。

位移幽默就是思想傾向的偏離，把重點移到另一個主題上，避開原來的主題。人們常用怎麼、怎麼樣、什麼樣等等語詞詢問，回答這類問題時，位移幽默往往會造成意想不到的幽默和機智效果。

在一次軍事考試的面試中，主考軍官問士兵：「某個漆黑的夜晚，你在外面執

行任務，這時，有人從後方緊緊抱住你的雙臂，你該說什麼？」

「親愛的，請放開我。」士兵從容地回答。

這段無厘頭的對話乍看之下，會讓人覺得有些莫名其妙，但仔細一想其中涵義，實在令人忍俊不禁。

「親愛的，請放開我。」一般是情人間親暱的話語，軍官提問是想知道士兵要怎樣對付敵手，但年輕的士兵則理解或者說故意理解爲戀人抱住他雙臂時，他該說什麼。把原本重點「怎樣對付抱住他雙臂的敵手」，巧妙轉移成另一個主題「怎樣對付抱住他雙臂不放的情人」，這就是位移幽默。

人們說的話，往往字面意思與說話者想表達的意思並不完全一致，也就是一句話有「表意」和「眞意」。將人們話語中的「眞意」棄之不顧，只取話語的「表意」，就是位移幽默的根本技巧。

以位移前提造成的幽默往往令人忍俊不住。

房客對房東說：「我無法再忍受下去了，這房間不斷漏水。」

房東反駁說：「你還想怎麼樣？就憑你繳的那一點房租，難道還想漏香檳不成？」

這的確是個很精湛的幽默。房客話的意思是「不論漏的是什麼都有礙於他」，但是精明的房東卻故作懵懂不知，將這句話位移爲「不足以漏香檳」。

如果能辨明話的「眞意」與「表意」，就可以應用這種位移幽默製作出許多幽默元素，帶來歡笑。

# 模仿也能創造幽默新意

最經濟、最省事省力的辦法，就是以模擬幽默推陳出新，從老句子中變出新把戲。如此，永遠都不愁沒有新的幽默內容。

模擬幽默就是把大家熟悉的語言情境增添新意，再與原意形成對照，從而產生不協調的樂趣，創造幽默感。

模擬幽默要把握好「名」、「熱」、「新」這三項基本原則。

「名」就是指模擬對象應當是知名度高的名篇、名言、名句，或大家熟悉的成語、台詞、俗話等。

「熱」就是指表達的內容應符合時代潮流，最好是人們關心或者有爭議性的熱門話題，這樣就能很快令人們產生聯想，引起共鳴。

「新」就是指表達內容的觀點要新。這是模擬幽默的靈魂，模擬幽默能否成功，就看內容是否新穎有趣。

模擬幽默有順擬法、反擬法、別擬法、擬人法等。

模擬的要訣在於出人意料地把毫不相干的事扯在一起，內容越是風馬牛不相及越好，差距越大越能引起人驚訝。但在形式上，則是越相近越能引起共鳴。

順擬法是順著舊格式擬出新的內容，這種手法多用於觸景生情而即興創作，常能想出新的寓意和偶發詞。

古典小說《紅樓夢》問世以來，不知多少人模擬裡面的《好了歌》抨擊時弊。前一陣子，網路上就流傳著一首中國大陸人改編的《好了歌》，直指政治腐敗的現象：「世人都曉『倒爺』（大陸地區稱從事投機事業，以此牟取暴利的人）好，倒來倒去都『發了』，只要能把大錢賺，道德良心不要了。世人都曉『後門』好，這條路子『沒治了』，不管閒事有多難，最後全都辦成了。世人都曉『宴會』好，『四菜一湯』吃肥了，你請我來我請你，反正公家報銷了。世人都曉『扯皮』（意

指賴皮，無理取鬧）好，不費力氣不要腦，扯上三年與五載，問題自然不見了。世人都曉『官僚』好，這頂帽子妙極了，出了問題別害怕，戴上帽子事沒了。」

諸如此類套用舊格式再塡上新內容的類比法，形式上很像塡詞，但只要內容確實是有感而發，就不會顯得「爲賦新詞強說愁」。

反擬法就是將我們日常生活中的習慣用語，偶爾反用其意，造成新奇的幽默感。反擬比順擬更能令人留下深刻的印象，這是反差造成的效果。

反擬法看起來簡單，只是要將現成就有的習慣用語反過來說，但是說法與內容必須新穎自然。

別擬法就是要擬出幽默的另一番解釋，這也是我們經常有意無意運用的辦法。比如，我們把那些過於寵愛兒女的父母親叫做「孝子」，這已不是傳統倫理道德中所指的「孝子」，而是孝順自己兒子的「孝子」了。

別擬法要擬得自然貼切，切忌生硬模仿，應當追求一種天然的妙趣，人爲的痕跡越少越好。

人們常說好作品百讀不厭，這其實是誇張的說法。因為不管是多麼幽默的人，只要口頭禪一多，話語就會顯得缺乏幽默感。

這時，最經濟、最省事省力的辦法，就是以模擬幽默方式推陳出新，從老句子中變出新把戲。

如此，永遠都不愁沒有新的幽默內容。

# 適合自己的，就是最好的

每種幽默形式都有優點和缺點，因此在運用時，得先衡量自己的優缺點，然後再從眾多幽默形式中，選出最適合自己的加以發揮。

許多人都已意識到幽默的重要性，特別是在表達個人想法的問題上，適度發揮幽默有助於推銷自己。

一般說來，在表達個人看法的時候，無論是面對一個人還是面對一大群人，都希望透過幽默的方式，將自己的觀點更確切有效地表達出來，希望透過幽默的表達贏得同事或上司、部屬的認可和支持。

但是，許多人在這方面還缺少應有的自信心，有些人認為自己不善於說笑話或講有趣的故事，不會把幽默與自己的觀點融合在一起。要解決這一障礙，關鍵在於多學多練、大膽嘗試。

在一開始運用幽默技巧時，不必要求過高，不必非得企求造成強烈的說服力與感染力，同時要明白，並非只有透過笑話才能表達幽默。

一般而言，一個完整的笑話要有人物、地點、時間，有令人發笑的情節，最後有個令人深思結尾。不能否認，這樣完整的笑話的確是表達幽默的一種極佳手法，但是，不要忘記還有許多更爲簡潔的幽默，例如俏皮話、雙關語、警句……等等。它們可能屬於笑話，也可能不屬於笑話，但都是幽默的形式之一。

雖然笑話是個傳達幽默的方式，但並非絕對必要，況且那種只靠講笑話引人發笑的效果也不一定很好，因爲有時會顯得過於膚淺，無法給人眞誠、睿智的感覺。

每種幽默形式都有它的優點和缺點，因此在運用這些幽默形式與辦法時，得先衡量自己的狀況，衡量自己的優缺點，然後再從衆多幽默形式中，選出最適合自己的加以發揮。

有一次，作家布萊特因故迫不得已要辭退那個僕人，並幫他寫了封推薦信，他說：「我在信中說你是個誠實的人，並且忠於職守，但是我不能寫你是個清醒冷靜的人。」

那個僕人說：「您難道不能寫我經常是清醒的人嗎？」

再如，有個拳擊手在比賽中重重地挨了幾拳，立時頭昏眼花、腳步不穩，但心中卻有幾分得意，「我這個樣子必定把他嚇壞了，他怕打死我。」

另一個例子，有位演說家在講到喝酒的害處時，不禁喊道：「我看應當把酒統統扔到海底！」

聽眾之中有個人大聲說：「我贊成。」

演說家一聽更加激動，「先生，恭喜你，我想你已深深明白今天這場演講的旨意。請問你從事什麼工作？」

「我是深海潛水夫！」那名觀眾一回答，登時引起哄堂大笑。

在以上三個例子中，最後都達到幽默、令人發笑的效果，但這三個例子都非運用說笑話的方式，而是依據當時情境，以一兩句幽默語言達到「笑」果。由此可見，要發揮幽默，運用何種形式或方法並不是重點，重點在於該方法是否切合當下情境、是否符合個人特質，唯有符合這兩點後，才能將幽默發揮到盡善盡美。

# 互換角色，打破僵持局面

出現演講者與聽眾「僵持」的情況時，往往是雙方都覺得對方的言行不恰當，這時如果把彼此角色「互換」，就很可能輕鬆地打破僵局。

一九五六年，在前蘇聯共產黨第二十次代表大會上，赫魯雪夫做了「秘密報告」，揭露並批評史達林施政的一系列錯誤，引起前蘇聯人及全世界各國的熱烈反響，大家議論紛紛。

由於赫魯雪夫曾經是史達林非常信任和器重的人，所以他這番「報告」便很多前蘇聯人懷疑：「既然你早就知道史達林的錯誤，那你為什麼之前從來沒有提出過不同的意見？你當時在做什麼？你有沒有參與這些錯誤行動？」

後來，有一次在黨代表大會上，赫魯雪夫再次批判史達林的錯誤。這時，有人從聽眾席上遞來一張紙條。

赫魯雪夫打開一看，上面寫著：「那時候你在哪裡？」

這是一個非常尖銳的問題，赫魯雪夫臉上的表情顯得很難堪。他很難回答這個問題，但他又不能迴避這個問題，更無法隱藏這張紙條，這會使他失去威信，讓人覺得他沒有勇氣面對現實。

他也知道，許多人心中懷有同樣的疑問，更何況此時台下有千雙眼睛盯著他手裡的那張紙，等著他唸出來。

赫魯雪夫沉思片刻，拿起紙條，透過擴音器大聲唸了一遍紙條上的內容。然後，他望著台下，大聲喊道：「這張紙條是誰寫的？請你馬上從座位上站起來，走上台！」

當時沒有人站起來，所有人的心跳得非常快，不知赫魯雪夫要做什麼。寫紙條的人更是忐忑不安，心裡非常後悔剛才衝動的舉動，想著一旦自己被查出來後得面對怎麼樣的結局。

赫魯雪夫又重複一遍他說的話，請寫紙條的人站出來。

全場仍舊一片死寂，大家都等著赫魯雪夫發怒。但幾分鐘過去了，赫魯雪夫卻平靜地說：「好吧，我告訴你，我當時就坐在你現在坐的那個地方。」

面對著台下聽衆提出的尖銳問題，赫魯雪夫不能不講眞話，但是，如果他直接承認「當時我沒有膽量批評史達林」，勢必會大大傷害自己的形象，也不合一個權威性領導人的身份。

於是，赫魯雪夫巧妙地即席創造出一個場面，藉這個衆人皆知其含義的場景來婉轉、含蓄地暗示自己的答案。這種回答既不損自己的威望，也不讓聽衆覺得他文過飾非，不肯承認錯誤。

同時，赫魯雪夫創造的這個場景，還讓所有在場者感到他是個幽默風趣、平易近人的領導者。

由赫魯雪夫的例子可知，在演說過程中，出現演講者與聽衆「僵持不下」的情況時，往往是雙方都覺得對方的言行不恰當，這時，如果採取退一步思考問題的策略，把彼此角色「互換」一下，就很可能輕鬆地打破僵局。

PART 3.

# 把握尺度，善用幽默元素

運用幽默元素時，
千萬注意不要拿對方的「痛處」開玩笑，
這樣的幽默會讓對方覺得
說話者心存惡意或別有用心，
因而產生無謂的紛爭。

# 用幽默談吐為生活添加色彩

幽默能在談吐中加點佐料，讓枯燥的語言中有了色彩與起伏，讓平凡的日子裡有了歡笑與喝采。

幽默的談吐往往惹得人們捧腹大笑，而且談吐的風趣也是一種美感。生活中的幽默既可以隨意發揮，也可以刻意設計，不論是何種幽默，都是調劑生活的好辦法。善於運用幽默的人，都是對生活充滿熱愛的人。

一般常見的幽默運用方式有以下幾種：

**‧對話式幽默**

這種幽默方式能將對話雙方的智慧激發出來，彼此一唱一合，相映成趣。

鬢髮斑白的美國影壇老將雷利拄著枴杖步履蹣跚地走上台，很艱難地在台上就座。看到這樣一個老人，讓人很自然地為他的身體擔心，所以主持人開口問：「你經常去看醫生嗎？」

雷利答：「是的，常去看。」

主持人問：「為什麼呢？」

雷利答：「因為病人必須常去看醫生，這樣醫生才能活得下去。」

此時台下爆出熱烈的掌聲，人們為老人樂觀的精神和機智的言語喝采。

主持人接著問：「你常去藥局買藥嗎？」

雷利答：「是的，常去。這是因為藥店老闆得活下去。」

台下又是一陣掌聲。

主持人又問：「你常吃藥嗎？」

雷利再妙答：「不，我常把藥扔掉，因為我也要活下去。」

台下觀眾哄堂大笑。

主持人轉而問另一個問題：「夫人最近好嗎？」

「啊，還是那一個，沒換。」台下大笑。

在這樣熱烈活潑的氣氛中，觀眾必然不會疲倦，台上主持人與影星極其詼諧的表演更委實令人傾倒。

### ‧隨機幽默

這種幽默是根據看到的事物隨意聯想而成，讓人忍俊不禁、會心一笑。

在一次語言學課堂上，有幾個女同學不斷嗑瓜子，「嗑嗑」的聲音令人心煩。可是許多認真聽課的同學又不好意思制止，只好望著正在講課的老師。

突然，老師停止授課，並掃視一下教室。大家鴉雀無聲，等著老師大動肝火地批評那幾個嘴饞的女孩子。可是沉寂片刻後，老師卻微笑著問：「請問你們班一九九六年出生的同學有多少人？」

同學們均莫名其妙，眾人呆了一會兒，才不知是誰說了一句：「有二十多人。」

接著老師又問：「一九九六年出生是屬什麼的呢？」

另一名同學回答：「屬鼠。」

「哦！是鼠啊！怪不得嗑瓜子的聲音這麼響。」

話一出口，台下笑聲四起，至於那些嗑瓜子的同學不得不知趣地放棄手中美食，心悅誠服地聽老師講課。

### ‧交際幽默

這種幽默完全是爲了交際需要而刻意設計的，除了引人發笑之外，它還有深刻的涵義。

這些眞正幽默的人從不輕易傷害別人，只會使別人和自己的生活中時時刻刻充滿風趣和快樂，他們是令人快樂的成功交際家。

有一位年輕人最近當上了董事長。上任第一天，他召集公司職員開會，在會中自我介紹說：「我是陳剛，是你們的董事長。」然後打趣道：「我生來就是個領導人物，因為我是公司前董事長的兒子。」

參加會議的人都笑了。

他用幽默的口吻和「反諷」的修辭手法，證明他能以公正的態度看待自己的地位，並對此有著充滿人情味的理解。

實際上，他正是採取這種反諷方式來委婉表示：「我會讓你們改變對我的看法，讓眾人知道我是靠自己的努力登上董事長之位。」

幽默能在談吐中加點佐料，讓枯燥的語言中有色彩與起伏，讓平凡的日子裡有歡笑與喝采。不論是採用以上何種幽默方式，只要能在言談中加上一些幽默元素，就能讓自己與周遭人的生活更快樂，同時能調和自己與部屬的關係。

# 用說笑話的藝術成為焦點人物

要將笑話說得好不是一件容易的事，對生性害羞、嚴肅或天生寡言的人而言更是如此，但只要經過訓練，人人都能成為說笑話的高手。

當許多人聚在一起時，如果大家都沉默寡言、悶不吭聲，那聚會便失去了意義。但此時只要有一個人能談笑風生、侃侃而談，整個聚會的氣氛就會完全變了個樣子，大家都會融入熱鬧和諧的氣氛中。

一個團體當中，若有一個擅長說笑話的人，就能使聚會的氣氛變得輕鬆活潑，那人也會成爲中心人物、大家談論的話題。「說笑話」是說話高手必備的一項技能，只是，說笑話大概算是交際中最難的一門藝術了，因爲它不僅需要樂觀的天性，還需要一定的知識和技巧。

卡內基的訓練課程中便相當注重這項技巧的訓練，也使得許多原本少言寡語的學生，在學習之後都能輕鬆開口說笑話。

例如，卡內基有位學生名叫寇地斯，是一位醫生，而且醫術十分高明。但也許是天性使然，他總是沉默寡言，更不擅長說笑話，這點也是他最大的煩惱。

卡內基告訴他不要沮喪，對他說：「在沒受過訓練的人中，失敗者通常占百分之六十，成功者只占百分之十，而其餘的百分之三十只能算是勉強及格者，且這百分之十的成功者大多是因為他們天生就是一個說笑話的好手。」

卡內基告訴寇地斯，只要經過認真的訓練，絕對能成為說笑話的高手。

寇地斯接受完訓練課程之後，與卡內基一同參加了一個慶祝州棒球隊取得勝利的歡迎會。

若在以前，他站起來發言時一定會臉紅心跳，但現在不同了，他能以輕鬆的笑話做為開場白，並博得在場嘉賓們的喝采。

由此可見，說笑話的技巧是可以學習的，即便你生性害羞，經過鍛鍊後也能掌握說笑話的訣竅。

其實，說笑話不一定要讓人捧腹大笑，最平常、最輕鬆的笑話往往就是最高級的笑話。

還有，在說笑話時，從表情到手勢都得統一，還要配合笑話的內容改變表情與動作，只要能把笑話說得生動，聽者自然會放聲大笑。

還有一個秘訣是，講笑話時切忌賣關子。因爲，說笑話不同於一般對話或說故事，它需要急轉而下，讓聽者在一瞬間爆笑出來，這樣的笑話才算成功。

還要注意，當你說笑話已說了一半卻無人發笑時，必須懂得自己捧場、自己放聲大笑，這麼做將不致於使氣氛陷入尷尬，也能爲自己找個下台階。相對的，當其他人說笑話時，你也應當儘量捧場，只要你適時捧了他的場，那以後你說笑話時，他也會給你面子的。

要將笑話說得好，不是一件容易的事，特別是對生性害羞、嚴肅或天生寡言的人而言更是如此，但只要經過訓練，人人都能成爲說笑話的高手。只要善用笑話這門藝術，就能帶動整體氣氛，並讓大家將注意力放在你身上，自然也就會成爲聚會中的焦點人物了。

# 有技巧的批評才能發揮效用

批評的目的應是讓對方了解錯誤並進行改正。因此，成功的批評應該在不損對方自尊心的情況下，使對方心甘情願地接受你的建議。

批評是一門藝術，一旦把握得不好，藝術便會變成惹人厭的廢物，所以批評他人時得掌握好技巧。

充滿幽默的批評方式就是一種成功的批評法，可以使人在輕鬆的氣氛中發現並改正自己的錯誤，這樣的批評才能發揮最大的效果。

一個成功的領導者批評屬下時，通常都能讓對方心悅誠服地接受，並且以後也很少會再犯類似的錯誤。

莫莉是卡內基的秘書，是一位漂亮又乖巧的女孩。在她眼中，卡內基是全世界最好的上司，她說自己從來不曾聽到卡內基用刻薄的語言批評下屬。

某一次離下班還有一刻鐘的時候，莫莉就急著想回家了，但她尚未整理完卡內基第二天的演講稿，於是匆匆地處理了那些講稿後就離去了。

第二天下午，卡內基演講結束後回到辦公室時，莫莉正坐在辦公室裡看著《紐約時報》，卡內基則面帶微笑地看著她。

莫莉問：「卡內基先生，您今天的演講一定很成功吧！」

「非常成功，而且掌聲如雷！」

「恭喜您！卡內基先生。」莫莉由衷地祝賀著。

卡內基接著面帶微笑地說：「莫莉，妳知道嗎？我今天本來是要去演講怎樣擺脫憂鬱，可是當我打開講演稿讀出來的時候，全場都哄堂大笑了。」

「那一定是您講得太精采了！」

「是這樣的，我讀的是怎樣讓乳牛多產奶的一條新聞。」說著，他仍舊帶著微笑地拿出那張報紙遞到莫莉面前。

莫莉的臉頓時紅了一大半，羞愧地道歉：「是我昨天太大意了，都是我不好，讓您丟臉了吧？」

「當然沒有，這反倒給了我更多的發揮空間呢，我還得感謝妳！」卡內基依舊露出笑容輕鬆地說。

從那次以後，類似這樣的毛病就不曾再出現在莫莉身上，而莫莉也更加覺得卡內基是個和藹又寬容的好上司。

一個優秀的人應儘量避免批評他人的過失，要是萬不得已非得批評他人的時候，可以採用幽默的方式。例如，先說個笑話拉近彼此的距離，然後再進行批評，讓被批評者在輕鬆愉快的氣氛中接受批評。如此既能讓對方了解自己的錯誤，也不會傷了對方的心，是相當高明的批評方式。

批評的目的是爲了讓對方了解錯誤並進行改正，而不是對他人做人身攻擊，因此，成功的批評應該是在不損對方自尊心的情況下，使對方心甘情願且樂意地接受你的建議，如此才能眞正發揮批評的作用。

# 善用同理心博取對方認同

若想要別人接受你的意見，就要先對他表示出同情與了解，並試著站在對方的立場上分析事情，如此對方就會比較容易接受你的想法。

如何運用同理心是交際藝術中非常重要的一點，人類社會正是因爲人們互相勉勵和安慰，心靈上相互理解，才發展到現在這個水平。

像卡內基就常對他的親人和朋友們說：「好好養病，不用多久你就能健康地走出醫院啦！」或是：「努力做吧！憑著你的聰明才智，肯定會做出一番成就的。」還有：「只要你堅持下去，成功之路就會展現在你面前。」

卡內基的朋友們也常常在這樣的言語激勵下，獲得信心和勇氣。

另外，同理心對緩和狂暴的感情有很大的幫助。據調查，有百分之七十五的人

都渴望得到別人的同情，所以若是懂得同情別人，便會受人喜歡。

面對別人發洩負面情緒，你要真心誠意地說：「我能理解你有這種感覺。如果我是你的話，也會跟你有相同的想法。」

只要能充分表達這個想法，就能免去爭執，消除對方的負面情緒，並創造出良好的氣氛，即使是壞脾氣的老頑固，態度也會不自覺地軟化。

滿古是吐薩市一家電梯公司的業務代表，這家公司負責維修市裡最好的飯店的電梯。該飯店為了效益，每次維修只准停兩個小時，但一般維修至少要花上八個小時，而且在飯店停用電梯的這兩個小時內，他們公司又不一定能派得出工人。

於是，滿古派出公司內最好的技工，同時也打電話給這家飯店的經理。

他沒有花時間和經理爭辯，只是說：「瑞克，我知道你的客人很多，也知道你不想影響飯店的效益，所以儘量減少停用電梯的時間，我們也會儘量配合你的要求。但你知道，當我們檢測出故障而又不能把它徹底修好的話，那麼電梯的情況會更糟的，到最後可能還要多耽誤一些時間，而我知道你絕對不會願意讓客人好幾天都無法使用電梯的。」

聽完這段話後，經理不得不讓電梯停開八個小時，畢竟這樣總比停用幾天要好多了。

滿古站在飯店經理的立場，從客人的角度去分析電梯維修問題，自然很容易就獲得了經理的同意。

諾瑞絲是一位鋼琴教師，她的學生貝蒂總留著長長的指甲，問題是想要學好鋼琴，就不應留長指甲。於是諾瑞絲打算勸貝蒂剪去她的指甲。

上鋼琴課之前，她們的談話內容根本沒有提到貝蒂指甲的問題，這是因為那樣做可能會打消她學習的慾望，而且諾瑞絲也很清楚貝蒂非常以她的指甲為榮，經常花很多功夫照顧它。

上了第一堂課之後，諾瑞絲覺得開口的時機已經到了，因而就對貝蒂說：「貝蒂，妳的指甲很漂亮呢！妳也想把鋼琴彈得這麼美嗎？要是妳能把指甲修得短一點

的話，妳就會發現把鋼琴彈好是很容易的。妳仔細想想，好不好？」

貝蒂聽了之後，對她做了個鬼臉，意思是否定了她的提議。

然而，出乎諾瑞絲意料之外，當貝蒂下個星期去上鋼琴課時，貝蒂竟然把她心愛的指甲剪掉了。

諾瑞絲成功了，可是她並沒有強迫孩子那樣做，她只是暗示她：「我很同情妳，我知道妳一定很不忍心剪去妳的漂亮指甲，但妳若是想在音樂上得到收穫，恐怕就一定得這麼做。」

由此可見，想要別人接受你的意見，就要先對他表示出同情與了解，並試著站在對方的立場上分析事情，如此對方就會比較容易接受你的想法，這正是「同理心」在人際關係和管理工作上最大的作用。

# 試著做個幽默的人

笑容會讓人開心，即使你自己很沮喪，只要試著露出笑容，心情就會開朗起來，這是幽默的最基本條件。

很多不善言詞的人一聽到幽默的話語，心裡不禁會想：「如果我也能講出那麼好笑的話就好了！」

所以，就有許多本來沒什麼幽默感的人，爲了讓聆聽者發笑，故作幽默地說一些低級無趣的葷笑話，或是讓別人笑不出來的冷笑話，有時候反而會惹來大家的不悅，或是破壞了當時的氣氛。

其實，眞正的幽默感，是自然地醞釀出來的東西，唯有自然流露的幽默感，才有可能讓聆聽者的心靈緩和下來，彼此充分溝通。所以，想要言談幽默，首先就先

期許自己做個幽默的人吧！

那麼怎樣才能成爲一個幽默的人呢？

具體來說，大略可分爲以下五種方法：

● 將自己心中的「完美主義」趕出去

對凡事都要求完美的人，不太可能具有幽默感的。因爲如果沒有一定程度的包容，幽默感是不會產生的。

人生難免有失敗，失敗有時會讓人生更精采，如果你自己都無法認同失敗的存在，就無法成爲具幽默感的人了。

● 凡事要有開朗樂觀的想法

人類有的樂觀、有的悲觀，如果你是屬於悲觀的人，不妨想想，悲觀幾乎不會改變事實。如此一來，還有什麼好悲觀的呢？

人要擁有樂觀的想法，想法樂觀的人會比較開朗，也比較有彈性，也已經具備了醞釀出幽默感的特質了。

• 不要將失敗的經驗累積在心中

每個人在做一件事時，一定都希望成功，可是難免還是有失敗的情況。一般人不可能期盼失敗降臨，然後將那些失敗的經驗放在心中，再去跟人家分享的。

可是，從逆向思考的角度而言，你將你的失敗經驗告訴別人，如果不是什麼太嚴重的失敗，他們絕對會開懷大笑的。

因為，我們都喜歡別人的失敗經驗，但是自己經歷了一模一樣的失敗，卻無法主動開口。因此，這些失敗的經驗如果由你自己說出來，別人就會覺得你是個懂得自我解嘲，有幽默感的人。

• 消滅負面的妄想情結

如果不加以約束，大多數人的心裡會慢慢浮現妄想的情結。這種妄想並不會帶來任何利益，只會讓心情更灰暗，這樣就不會產生出幽默感了。一旦你產生了妄

想，不妨提醒自己去消滅它。

• 表情很重要，不要忘記笑容

笑容會讓人開心，即使你自己很沮喪，只要試著露出笑容，心情就會逐漸開朗起來，心情開朗是幽默的最基本條件，所以不要忘記要隨時保持笑容。

無意間說出的一句話，可能會讓你的人生變好或變壞，短短的一句話，也會讓一個人幸或不幸。你在和人說話時，是否都曾意識到每句話的重要性呢？

就因爲不是每個人都經得起開玩笑，所以，想要成爲一個幽默的人，不要開別人玩笑，而應該試著對自己開點玩笑。

像是故意提到自己的弱點或自卑的地方，說一些誇張的話或俏皮的話，時而說出帶點諷刺的話……等等。

你可以經常找機會練習，想要說出具有幽默感的話，你自己就必須先成爲具幽默感的人才行喔！

# 不要讓幽默造成反效果

譏諷、攻擊、責怪他人的幽默，雖能引人發笑，卻常常會產生意想不到的嚴重後果，使本來融洽的關係產生隔閡。

幽默若不能爲人們帶來歡娛和快樂，反而帶來驚駭和痛苦，這便成了一件遺憾的事，同時也犯了幽默的大忌。

莎士比亞曾經說過：「幽默和風趣是智慧的結晶。」

美國學者赫伯．特魯也曾指出：「幽默是構成人的活力的重要部分，是產生創造力的源泉。」

法國作家格威更斷言：「幽默是比握手更文明的一大進步。」

魯迅先生則評論道：「一個缺乏幽默感的民族，往往是一個災難深重的民族、

一個不幸的民族。」

誠然，幽默是美麗而神奇的東西，它可以成爲人與人之間的潤滑劑，除去人們心中的壓力，給人們輕鬆歡愉的心情，爲紛亂爭鬥的世界披上一層柔和的玫瑰色彩，爲嚴寒的冬天帶來一股暖流。

但是，任何幽默在社會心理上的價値，並不意味著它的普遍性，幽默的社會功能和文化功用，也不是指它具備了萬能的效應。

因爲它是一朵帶刺的玫瑰，任何不耐煩、莽撞都有可能使你飽嘗苦果，因而幽默雖好，但卻不要用來揭人傷疤，或者說，不要在別人傷口上撒鹽。

由於譏諷性的幽默有著嚴重負效應，因此，在使用幽默進行批評性言談的時候，就要反覆地嚴格推敲，不要讓人產生一種被嘲笑的感覺。

曾經有個高級飯店的服務員，總是不愛刮鬍子，雖然大家經常提醒他，他仍然積習難改。

有一天，經理找他談話，等他一進辦公室，經理劈頭就這樣問：「小宋，你想一想，你身上最鋒利的是什麼東西呀？」

小宋愣了一下，掏出水果刀說：「可能就是這把水果刀了。」

經理搖頭，說：「不見得，我看應該是你的鬍子。」

小宋不解地問，「為什麼？」

「因為它的穿透力特別強。」

小宋醒悟過來後，氣得滿面通紅。

還有位地理老師，講到岩溶地形，形容鐘乳石的形狀時，突發奇想地說：「如果大家不太清楚什麼是鐘乳石，那你們應該知道女性乳房是什麼樣子，它為什麼叫鐘乳石，就因為像女性的乳頭。」

此語一出，真是語驚四座，女生們感到無地自容，而調皮的男生們則大呼小叫起來。最後，這件事被人檢舉到校長那兒，這位地理老師受到了嚴厲批評，並且向同學們道歉了事。

以爲自己發揮了幽默感，沒想到結果卻令自己狼狽不堪，從而威信掃地，不是很冤枉嗎？

很多學者都認爲，幽默是在社會生活的基礎上而產生，它不是飄浮在空中的幻影；幽默的存在，表現了人們多方面的社會功利需要，包括懲惡除暴，調解糾紛，溝通內心世界，這使得幽默自然地要和諷刺、嘲笑、揭露和調侃聯繫在一起。

但是，千萬別忘了，不管幽默是基於善意的諷刺、溫和的嘲弄或嬉笑，仍然得經過一番思慮才是。

對於某些部屬，領導者常常覺得可笑又可憐，因而總是譏刺他，卻又必須諒解與寬恕他，這種內在的矛盾，便造就了幽默語言的暗示性和閃爍性。

幽默可以減弱批評的針鋒相對，透過誘導式的意會，發生潛移默化的作用。

有個靠房地產業致富的紐約巨商，碰巧遇見了大作家海明威，非要他簽名留念不可。海明威對這個俗不可耐的爆發戶相當不屑，於是用手杖在沙上寫下了自己的名字，接著說：「請您收下我的簽名吧！」

還有一次，馬克．吐溫來到英國的一個城鎮，逕自走進一家旅館，侍者請他在旅館登記本上簽名，他翻開登記本一看，發現在他之前一位很有名望的旅客在這裡住過。

這位先生的簽名是這樣的：「馮．布特福公爵及其僕人。」

馬克．吐溫笑了笑，緊接著寫上：「馬克．吐溫及其一只箱子。」

明朝的開國皇帝朱元璋，還未當皇帝之前，有一次在鄉下趕路，當時已經是臘月初十，家家戶戶都掛紅燈、寫對聯，歡歡喜喜地準備好過年。

可是，有位閹豬為業的老頭卻滿面愁容，因為他自己不識字，不會寫對聯，雖然請了人來幫忙，但是這位幫手為了想出適合他的對聯，卻也一籌莫展。

這時朱元璋路過此地，看見這位屠戶一臉苦相，便問清原委，只見他爽快地說：「好辦，好辦，我可以替你寫。」

於是，他叫老人家拿出筆墨伺候，大筆一揮，便寫下這首傳頌千古的對聯。

上聯是：**雙手劈開生死路**

下聯是：一刀斬斷是非根

橫聯是：開天闢地

這眞是神來之筆，因爲這位老頭以閹豬爲業，說這個職業高雅，未免名實不符，但要說得粗俗一點也不對。

沒想到朱元璋卻用一副幽默對聯，巧妙地解決了這個問題，不僅沒有揭人家的痛處，還令使這屠戶有了新的職業視野。

魯迅先生也曾說過類似的笑話。

有個很窮的乞丐，很喜歡在人前誇耀他與富人的交往。有一次，他從外面吃飯回來，很高興地對大家說，今天那位遠近馳名的富人跟他說話了。

大家也都奇怪，那麼趾高氣揚的人，怎麼會和一個乞丐說話打交道呢？

於是，有人便問他：「那他跟你說了些什麼？」

乞丐很得意地說：「當我一大早走進他的宅子向他討錢的時候，他對我說：

『滾出去』！」

話才說完，立即引來哄堂大笑。

魯迅慣用的嘲諷，是用於諷刺那些趨炎附勢的小人，而不是對一般的人。

在我們的日常生活中，諷刺他人需經過理智的考慮。

因爲，尖刻的幽默很容易趨於殘忍，使人受到傷害、產生焦慮。譏諷、攻擊、責怪他人的幽默，雖能引人發笑，卻常常會產生意想不到的嚴重後果，使本來融洽的關係產生隔閡。

# 把握尺度，善用幽默元素

運用幽默元素時，千萬注意不要拿對方的「痛處」開玩笑，這樣的幽默會讓對方覺得說話者心存惡意或別有用心，因而產生無謂的紛爭。

在談判場合運用幽默營造氣氛時，應特別注意莫越雷池一步，莫使高雅的幽默淪爲低俗的滑稽和尖酸刻薄的諷刺。

運用幽默元素時，首先要注意時機和場合，最好能根據雙方談判的內容製造某種情境，形成幽默的氣氛。

不要在一些比較嚴肅但並非尷尬、沉悶的時候，插入一些自己編造的生硬笑話，這樣不但不能達到活躍氣氛的目的，還會使人感到厭煩。

比較下面兩個例子，我們就不難明白這一點的重要性。

第一個例子，是一個球鞋製造廠商向某商場推銷一批品質低但價格高的鞋子。在談判過程中，廠商極力吹噓鞋的品質，「經理，您放心，這鞋的品質絕對沒有問題，它的壽命將和您的壽命一樣長。」

只見經理翻了翻樣品，微笑著說：「我昨天剛查過身體，一點毛病都沒有，我可不信我很快就會死。」

在這個談判中，經理巧妙利用鞋商過分誇大球鞋品質的時機，用幽默話語道出自己對鞋子品質的看法，如此既體現自己的素養，又使鞋商無法辯解，只能知難而退。

經理巧語解麻煩，將幽默運用得恰到好處。

第二個例子是在一次大型談判過程中，雙方都在仔細地閱讀各種資料，準備進行新一輪辯論，氣氛十分緊張、嚴肅，透著幾分大戰將臨的味道。

正當雙方首席代表正要發言時，某一方的助手卻說：「大家都喜歡看足球吧？有這麼一個笑話是說，日本球迷去問佛祖：『日本什麼時候能得到世界冠軍？』佛祖答道：『五十年。』日本球迷哭著走了。韓國球迷也問佛祖：『韓國什麼時候能得到世界冠軍呢？』佛祖答：『一百年。』韓國球迷也哭著走了。最後，中國球迷問佛祖：『中國什麼時候能得到世界冠軍呢？』佛祖無言以對，哭著走了。」

這不失為一個有內涵的笑話，但這名助手講笑話的時機太不是時候，在不需要緩和氣氛的時候抛出了這樣一顆「笑彈」。這時，笑聲不是緩和而是擾亂了原本正式的氣氛，干擾了雙方已理清的思緒。

這樣的笑話不但沒什麼價值，反而會引起雙方反感。

由以上兩個例子可知，運用幽默時要見機行事，別讓幽默反倒引起惡果。其次，運用幽默要注意切勿用一些比較低俗的方式表達，如扮女聲、裝嗲、學方言等。

這些不但不能使幽默令人回味，還會使人反胃，無形中給對方留下不好的印象，將會為良好談判氣氛的營造設置障礙。

最後必須特別注意是，運用幽默元素時，千萬注意不要拿對方的「痛處」開玩笑，這樣的幽默會讓對方覺得說話者心存惡意或別有用心，因而產生負面的效果或無謂的紛爭。

# 幽默不是自言自語

幽默可以讓人輕鬆處理人際關係、協調各方面的矛盾，想成為受歡迎的人，一定要具有幽默感。

幽默既不同於一般的嘲笑、譏諷，也不是似笑非笑，更不是輕佻造作地油嘴滑舌。幽默是修養的體現，與中傷是截然不同的，它是人際中的潤滑劑，中傷則是人際的害蟲。

眞正好的幽默，是情感眞實的自然流露，是嚴肅和趣味的平衡，所以，當我們慷慨地對人分享幽默樂趣時，別忘了也要懂得珍惜幽默。

幽默一定要看對象與場合，必須講求彼此之間的共同性，如果自己的意思只有自己懂，別人都不知所云，那便成了一種孤獨的自言自語。

幽默的群體性和娛樂性是十分明顯的，如果忽略了這一點，一味地強調自我的想法，這種幽默便不能被苟同了。

幽默不能離開群體的娛樂性而單獨存在，它本身就是具有社會性的，它在人與人的交往中產生，是人們在進行社會活動時的智慧之光。

有些人在社會交際中，總是唯我獨尊，說話蠻橫無理或肆無忌憚，全然不顧在場的人有什麼禁忌和喜好，於是久而久之，大家不約而同地對於這種人「敬鬼神而遠之」，只因他們都忽略了幽默的基本原則和特性。

有個秀才出門要買柴，好不容易遇到一個賣柴的樵夫，便遠遠地喊道：「那個賣柴的過來。」

於是，賣柴的樵夫便走了過來，只見這位秀才居然賣弄起文采，用文言說道：「其價幾何？」

樵夫雖然聽不太懂，但是卻也略知他是在問價錢，於是就說價錢多少。

沒想到那位秀才又繼續賣弄文言：「外實而內虛，煙多而焰少，請損之。」意思是說，那賣柴的樵夫將柴外面捆得結結實實，而中間卻夾雜著比較差的柴，這樣的柴燒起來只會濃煙滾滾，而沒有什麼火苗，而「請損之」意思是「價錢再降低一點」。

然而，這些話對樵夫來說，根本聽都聽不懂，所以他不管這些之乎者也的意思，挑起木柴轉身便走了。

這個故事說明了，想要賣弄才學，一定要看對象與場合，講求彼此之間的共同性，如果你的意思只有自己懂，別人根本不知所云，那根本只是在唱獨角戲，台下沒有戲迷啊！

在日常生活中必須向別人表達想法，也需要各種不同的幽默力量來打開局面，構成聯繫彼此的心靈網路。

然而，太偏重某一方面而缺乏必要的靈活性，這樣的溝通只會越來越困難，共識或溝通的橋樑就會越來越少，甚至有一天會中斷。

當其他人幽默地發表意見時，你應時時報以微笑，而不能冷若冰霜，更不要冷言冷語反唇相譏。當然，幽默絕不是任何一個人的特權，而是社會的精神財富和人們快樂來源的寶庫。

能對他人的幽默做適當的反應，一方面是社會禮儀所要求，另一方面你也會得到回報。因此，千萬不要過於冷漠，要接受他人、鼓勵他人，以幽默來使感情融洽，架起友誼的橋樑。

其次，幽默的社會功能，可以讓人輕鬆處理人際關係、協調各方面的矛盾，有利開展工作與展示自身才華。

總之，想成爲受歡迎的人，一定要具有幽默感。

# 小心使用，使幽默真正發揮效用

這個世上本來就有很多不幸的人，一生下來就背負許多不利條件。因而，凡是有憐憫之心的人，都不應該以別人天生的缺陷為話題。

有幽默感的人一般都心懷善意，他們想做的只不過是多爲人增加一些快樂而已。但無論如何，幽默也有傷人的可能，兩者之間的界限頗爲耐人尋味。開玩笑和詼諧都有傷人的危險性，因而使用時要小心翼翼，不能踏錯一步，否則一步走錯全盤皆輸，將會得不償失。

要是眞的說了過分傷人的話，一定要誠心誠意地道歉，不能夠就此放任不管。相反的，當自己被開了過分的玩笑時，一定要當做對方只是開玩笑而已，並沒有惡意，如此一來，對方也會不好意思再延續話題。

開玩笑的「規則」主要有以下五項：

●注意格調：玩笑應該有利於身心健康，增進團結，摒棄低級庸俗。

●留心場合：按照一般習慣，正式場合中不宜開玩笑。當彼此不十分熟悉或有陌生人在場時，也不宜開玩笑。

●講究方式：這是指要看對象開玩笑，對性格開朗、喜歡說笑的人，多開些玩笑無妨；對性格內向、少言寡語的人，不要開太過分的玩笑。

●掌握分寸：「凡事有度，適度則益，過度則損」，開玩笑時也如此。

●避人忌諱：忌諱是指因風俗習慣或個人生理缺陷等，對某些事或舉動有所忌諱。幾乎每個人或多或少都有自己的忌諱，開玩笑時一定要小心避開。

有極少數人喜歡利用幽默形式講刻薄話，既傷人又傷己，專門打擊別人的自尊心，總毫不在乎地攻擊對方「耿耿於懷」的事情。例如，有關別人的命運、他們生長的環境、他們雙親在社會上的地位或者他們的職業等等。

這個世上本來就有很多不幸的人，他們一生下來就背負許多不利的先天條件，更值得人同情的是，他們之所以變成那樣，並非自己心甘情願的。因而，凡是有憐憫之心的人，都不應該以別人天生的缺陷爲話題。

然而，還是有人苛薄地使用那些傷人言詞，當著別人的面說些極爲傷人的話，這是非常不人道的。

例如，有些管理者常常使用一些刻薄的言語，如「嫁不出去的老處女」、「白癡」、「爛貨」、「雜種」、「廢物」、「神經病」……等字眼。

這些字眼極爲傷人，是一些非人道的殘酷字眼。我們不妨設身處地想一想，如果自己被如此稱呼時，心裡將有什麼感覺呢？

明瞭這個道理後，就應把握開玩笑的尺度，別使幽默成爲傷人的武器。

PART 4.

# 幽默的領導人更受人歡迎

幽默感不僅是積極的領導統御策略，
更是你的護身符，
即使遇上對手的銳利武器，
都能靠著幽默全身而退。

# 幽默的領導人更受人歡迎

幽默感不僅是積極的領導統御策略，更是你的護身符，即使遇上對手的銳利武器，都能靠著幽默全身而退。

一個領導人應注意的外在表現形式，應該包括哪些內容和方面？

一般人想到的多半是服飾、儀表，即使涉及到談吐和口才，也經常忘了幽默感就是成爲一個領導高手的要訣之一。

幽默儘管與一個人的個性和修養關係密切，但它並非屬於性格和天性範疇，而是屬於個人經驗與自我鍛鍊的產物。

此外，由於各地的習俗不同，在某個環境中具有幽默感的東西，到了另一個地方，也有可能變得一點也不幽默，比如俄羅斯的很多笑話，到了英國卻成了冷笑

話，原因就在於此。

幽默可以經由後天的培養而獲得，因此，想要成為領導統御高手，就不能以「因爲個性」的藉口來拒絕「幽默」。

很多主管級的人物之所以性情都過於刻板，有個很重要的原因是，他們陷入了認識上的盲點，認爲既然自己是領導者，就要有領導者的「樣子」，要有「嚴肅認眞」的威儀。

這種認知雖然沒錯，但是你只需對工作嚴肅認眞，並不需要對所有接觸的人也板起面孔。

眞正的領導高手，無論走到哪裡都會有笑聲，讓人如沐春風，令追隨的下屬或合作的伙伴感覺輕鬆、愉快。

如果，你一天說不到一句話，總是在員工和下屬的面前擺「架子」，這是一種很不明智的做法，甚至還隱含著潛在性的危險。

因爲，你自己用了一道無形的圍牆將自己和大家隔開，使彼此成爲兩個世界的人，雖然員工作都很怕你，你也確實很有權威，但是，最後你終將成爲孤獨的人，成爲大家敬而遠之的人。

其實，具有幽默感的領導人才是最受歡迎的。

所以，別那麼嚴肅，適度地展現風趣的一面，表現自己的幽默風采，才更能吸引衷心臣服於你的人才。

幽默是一種外在形象的修養，與一般的日常生活中的笑話，既有相同的部分，卻也有一定程度的差別，絕非庸俗的「搞笑」。

總之，幽默感不僅是積極的領導統御策略，更是你的護身符，即使遇上對手的銳利武器，都能靠著幽默全身而退，重新開始另一場戰局，所以，幽默是領導高手應具備的必須素養。

# 靈活運用自己的幽默

在我們的日常生活中，最常見的有三種類型的幽默：哲理性、詼諧性和嘲諷性幽默。優秀的領導者可以從中萃取菁華，靈活加以運用。

無論是哪一種幽默，即使差異很大，它們都有著一個共同之處，那就是旨趣必須是由內而外地發出，從人的顯意識和潛意識中產生。

就幽默的展現而言，輕鬆滑稽、逗人開懷的詼諧話語，那可以說是幽默，才智機敏，妙語解疑的機智，也是一種幽默。

就幽默而言，「幽自己一默」的自嘲，那可以說是幽默；「幽別人一默」的調侃，也可以說是幽默。

就幽默所製造的效果而言，讓人露出會心的微笑，那是幽默；讓人忍不住哄堂大笑，那也是幽默。

就幽默的境界而言，寓意風雅、耐人尋味的風趣，可以說是幽默；氣度恢宏，率眞超脫的豁達，也可以說是幽默。

幽默可以帶來快樂，使人從痛苦的經驗和情緒中掙脫出來，是一種生理和精神活動，英國著名哲學家索利曾經這樣談幽默：「人類語言中幾乎沒有一個詞彙，比這個人人都熟悉的詞更難下定義了。」

幽默是個開放的和通俗化的語言概念，幽默的方式可說是「無限」的。它的關鍵因素在於是否具有「趣味性」，只要能產生有趣的效果，任何有聲的和無聲的，任何有形和無形的舉動、言語、思維、氣氛都可以成爲幽默的媒介，傳遞幽默的訊息符號，從而成爲幽默的表達方式和存在形式。

什麼力量是幽默的眞正源泉和內容呢？

我們可以進一步說，有趣與好笑，主要更取決於行爲主體的情感、好惡、文化

素養……等等。

蘇聯美學家賓斯基曾經說：「幽默可以採取任何形式，以適應任何的時代思潮及其歷史性格。」

關於這點，從當代歐美各國幽默雕塑、幽默工藝、幽默新聞……等等的流行，就可以得到證明。

我們可以這樣認爲，所謂幽默只是較高級的玩笑話，它不一定要使人捧腹大笑，只要能使別人莞爾一笑，便已達到基本功能。

它從人的顯意識和潛意識中產生，因而它是人的情緒、情感、意識、個性，還有價值判斷合乎邏輯的表露。

正因爲如此，它總是生動地表現出各種各樣心智和心力，成爲一種能爲人們所能感知和把握的個性心理和社會心理。

在我們的日常生活中，最常見的有三種類型的幽默：哲理性、詼諧性和嘲諷性幽默。優秀的領導者可以從中萃取菁華，靈活加以運用。

哲理性幽默，包括那些靈機一動的閃光和火花，信手拈來的雋詞佳句，耐人尋味的諧趣珍聞，令人回味無窮。例如：

「如果你想考驗狗的愛情，那麼你只需要扔過去一根骨頭。」

「如果你想讓人記住你，就得不斷地跟他借錢。」

詼諧性幽默，大多出現在性格的幽默中，表現方式是大智若愚的「拙巧」，這類幽默往往三言兩語，卻能收到讓人拍案叫絕的效果。

很多人都聽說過這樣一個故事，德國天才詩人歌德在威瑪公園的小徑上，和一位自命不凡的文藝評論家相遇。

那位評論家傲慢地說：「對一個傻子，我絕不讓路。」

歌德聽了之後，微笑著往旁邊一站，說道：「我卻恰好相反。」

他的詼諧不但含蓄，而且還具有比正面攻擊強烈得多的反擊效果。

最後，我們再來看看嘲諷性幽默。

「嘲諷性幽默」是最常見的幽默之一，它是以溫和而寬厚的態度對假、醜、惡的人或事，做出輕微的揶揄和批評，有時雖然荒誕不經，卻能發人深省。其中所產生的張力，遠比一大堆廢話，或一長串情節更富有表現力和效果。

魯迅可說是中國近代文學史上的幽默大師，對於他的幽默，我們可能感到更為親切，更為熟悉。

像他對筆下的阿Q，正是「哀其不幸，怒其不爭」，他對此人物極盡嘲諷之能事，以揭示麻木不仁的「國民劣根性」。

有一回，阿Q對人們說：「我本來姓趙！」

後來，這段話傳到有權有勢的地方豪紳趙太爺那兒，趙太爺聽了非常生氣，他想到這個王八蛋也和他同一個姓，實在很不配，於是便把阿Q找來，當面問他：「你也姓趙嗎？」

阿Q點了點頭，沒想到，這位年過六旬的趙老太爺居然跳了下來，並賞了他兩巴掌，從此以後，阿Q再也不敢說自己姓趙了，而且對自己的姓氏也漸漸忘卻，只記得自己「似乎姓趙」。

有一年，阿Q參加革命不成，反倒成了革命失敗者的代罪羔羊，即將被槍決正法。法官們要他在供詞上畫押，他卻說不會寫字，他們就說不會寫字也無妨，只要畫個圓圈也行。

於是，他一手握著筆，手卻不停地發抖，好不容易畫成一個爪子形的圓，他還嫌畫得不夠圓，感到很遺憾，還想重新再畫，可是法官們早已等得不耐煩，一把將判書扯了去，等到要上刑場的那天早晨，他才有了點朦朧的感覺：「這似乎是要去殺頭！」

阿Q糊裡糊塗地生，又糊裡糊塗地死，魯迅筆下的他，既使人覺得發笑，但是在笑過之後，卻又深感悲哀，而這也正是大師特有的嘲諷式幽默藝術，一種讓人深醒的幽默。

相同的，身為領導者，你也可以選擇適合自己性情的幽默表現方式，達到更有效的領導效果。

# 刻畫人性的幽默表現方式

幽默，不需要過多的話語，也不需太多的描述，真正的幽默往往有意味雋永的深意，值得領導者加以活用。

恩賽丁曾說：「當我們的社會廣泛地通過一種幽默而聯成一體，當每一位公民被笑所征服時，那我們便能永久地置身在祥和的氣氛中。」

的確，幽默是我們最佳補品，我們的生活需要笑，人生更需要幽默，即使是在事業上，面對上司與下屬仍然需要笑與幽默。

那麼，幽默究竟在哪些場合和哪種環境，最能顯示它的魅力和功用呢？

我們不妨看看蕭伯納與小女孩的對話。

有一天，劇作家蕭伯納接到一位小女孩的來信，信中寫道：「蕭伯納先生，您是我最崇敬的一位劇作家，為了表示我的敬意，我打算用您的名字來命名一條別人送給我的小獅毛狗，不知您意下如何？」

蕭伯納給小女孩回信說：「親愛的孩子，讀了來信頗覺有趣，我贊成妳的想法。但是，妳必須與妳的獅毛狗談談，問問牠的意見如何。」

幽默對幼稚和純眞總是不吝嗇自己的愛，由此折射出長者宏大、寬厚的優秀品格，從而在忘年之間傳導出人類那種最原始的人性。

在中國古典名著《儒林外史》中，作家吳敬梓也曾塑造一個吝嗇已極的讀書人形象。他筆下的嚴貢生一輩子勤奮讀書，老實做人，一生貧困潦倒，也養成了極其節儉吝嗇的習慣。

吳敬梓對他用墨不多，但這個藝術形象卻躍然紙上，栩栩如生。原因何在呢？就在於吳敬梓使用了幽默表達方式。

就在嚴貢生病重臨終的時候，床邊圍了很多親友和家人，嚴貢生一會兒昏死過去，了無聲息，一會又醒來，就這樣反覆多次。

於是，家人便問他，是否還有什麼事未能如願，但是他已經完全不能再說話了，只能勉強伸出兩隻顫抖的手指。

看著這個動作，卻沒有人明白這兩個指頭代表什麼意思，於是，有人把他的一位最知心的朋友請來。

這位老朋友聽說這個情況，一進門就注意觀察，最後才發現，放在嚴老先生床前的油燈多了一根燈芯，因為平日只用一根燈芯的。

於是，他叫人吹去其中一根，就在吹滅其中一根之後，嚴老先生果然很釋然地嚥了氣！

吳敬梓為了將這位讀書人的吝嗇和節儉，入木三分地刻畫出來，很巧妙地用了幽默的表達方式，抓住他在死的最後一刻的表現，加以渲染、誇張，深刻地刻畫出人物的強烈性格。

另外，文學大師魯迅也曾採用類似的筆法，來描寫一個老和尚的虛偽，揭露佛門聖地的僞善。

一個很有名的寺廟裡，有位年過古稀的老和尚，在臨終前一直未能安息，於是有人建議找個女人脫光衣服，讓老和尚看上幾眼，也許他就能安然而去。

沒想到，在女人脫光衣服之後，老和尚說了句意味極深長的話：「原來和尼姑是一樣的！」

說完之後，他便閉目離去。

魯迅的意思其實也很清楚，既然老和尚知道一般女人的身子和廟裡的尼姑別無二致，那就是說，他也曾與尼姑私通。

簡單的一句話，可說是寓意深遠。

這就是魯迅式的幽默，它不需要過多的話語，也不需太多的描述，寥寥數筆便能勾勒出人物的輪廓，諷刺力量之深，不僅深刻雋永，更讓人激盪思考。

這幾個幽默的故事，不只是讓人會心一笑，同時也發人深省，有所思考與感悟。這種幽默與一般的笑話不同，說明，真正的幽默往往有意味雋永的深意，值得領導者加以活用。

其實，赤裸裸地責備、批評、挖苦，往往會造成反目成仇，特別是在雙方並不存在對等位置的時候。如果對方是你的上司，你的前途就有可能受到影響；如果對方是你的下屬，在他的心裡也會對你產生一定程度的反感。

# 幽默是最好的潤滑劑

幽默的領導人物，無論走到哪裡都會使氣氛活躍起來，相較之下，缺乏幽默感的領導人往往到處碰壁。

每個人都希望和別人和諧相處，也深信和氣能生財，但事實上，我們表現出來的行爲卻經常與這些想法相左。

當我們試圖說服對方，或者爲自己的言行進行辯解時，往往容易感情用事，表現衝動，從而引發不必要的爭吵及矛盾，所以，怎樣學會包裝修飾，讓對方能輕易理解與接受，是相當重要的。

遇上衝突，除了幽默，就沒有其他更好的化解方法了。

特別在商界的應對上，絕大多數的會議和交涉，最終的目的就是要設法說服別人，接受自己的意見和條件，如果稍微沒有把握好，很容易就會變成攻擊性的爭吵和對峙，不僅傷了和氣，更可能失去了一個生意上的好夥伴。

那麼，我們是不是應該試著換另一種辦法來應對呢？

首先，聽聽對手的意見以及他所提出的條件。

如果他的要求合理，自己能夠接受，那麼就皆大歡喜。

如果他的條件和要求實在有些過分，使你難以接受，那麼，你大可運用幽默風趣的話語來進行駁斥或反擊。

這樣，既可以有效地表達你的意願和態度，又能給對方留下充足的餘地，還能避免無謂的爭吵和隨之而來的不愉快，不是嗎？

美國總統林肯就是一個善於用幽默解決問題的高手。

在美國南北戰爭中，他對麥克倫將軍未能掌握好軍事時機感到極為不滿，但是他並沒有嚴加斥責，而是寫了一封信給他。

在信中，他這樣說：

「親愛的麥克倫：如果你不想用陸軍的話，我想暫時借用一會兒。

敬愛你的林肯上」

如此一來，林肯總統既給了自己直接插手干預軍隊的指揮，找到了一個充足的理由，更表達自己對麥克倫將軍指揮方法的意見，促使他意識到自己的失誤。

身為主管的人，難免會有極想斥責下屬做事不力或做事不妥的時候，但有人善於處理這些情況，有的人卻容易造成風波。

其差別便在於，斥責或責怪別人時，最難於把握時機與恰當性，稍微不慎就有可能傷及對方的自尊心，在自尊心受傷的情況下，人往往變得易於激動和憤怒，造成兩敗俱傷。

現在的下屬，已經不再像過去那樣唯唯諾諾，身為主管和上司的人，一定要善於與他們溝通，善於與他們打成一片。

最好是一有空閒時間就和他們聊聊天，說說笑話，幽默一下，如此一定比你板

起面孔時的效果來得好，員工們的關係也會變得更加融洽，工作效率也能提高不少。

儘管幽默與否，與各人的個性特徵有一定的關聯，但也有很多人是因為後天的因素，找出自己的特色，從而發揮作用，所以，我們要從平時開始培養起幽默感，儘量使自己變得活潑、生動、有內涵。

看看你身邊的人，那些幽默的人物，無論走到哪裡都會使氣氛活躍起來，大家和他有說有笑，很多別人解決不了、處理不了的問題，只要一到他手裡都會迎刃而解，或者大事化小，小事化了。

相較之下，缺乏幽默感的人往往到處碰壁，因為他們不善於幽默，更不善於讓別人瞭解他，當他板起面孔的時候，人們便會有一種難以接近的感覺，說深了也不妥，說淺了也不適當，如此便很容易出現僵持的局面。

我們都聽說過點石成金的故事，石頭處都有，但是如何使它變成珍貴的金子，這的確是一件很神奇的事情。

其實，幽默就是點金術，而且這種點金術並不像神話故事裡講的那樣，需要神仙的法術或仙人指點，我們每個人早就具有了這種潛力，只要我們充分地發揮，自然能讓自己的工作和事業，變得輕鬆而又有趣。

# 用幽默的言語保護自己

幽默是一把雙刃劍，既可以保護自己，也可以給對手留下足夠的面子；既可以用它來進行攻擊，又可以使它成為彼此關係的黏著劑。

英國思想家培根曾經說過：「用適當的話語和別人進行交談，遠比言詞優美、條理井然更為重要。」

每個人價值觀念不同，行事風格大異其趣，說話的方式也不盡相同，因此和別人打交道時應當察言觀色，對不同的人應當採取不同的說話方式，並且時時注意變換談話的內容。

尤其是身為領導者，每天都必須面對繁雜的事務，同時也得妥善處理各種狀況，以及突如其來的明槍暗箭；想成為領導統御高手，就得學會用幽默的語言保護自己。

齊國的使臣晏子因公到楚國來訪，楚國人知道晏子身材矮小，便想戲弄戲弄他，只見他們打開城牆中專供狗出入的小門，要讓晏子進城。

於是，晏子便說：「我只聽說，出使狗國才從狗門進去，我現在出使的是楚國，而不是狗國，所以我不能從狗門進，除非……」

這句話，登時令楚國人無話可說，立即開啟城門，讓他堂堂皇皇地從大門進入。

晏子與楚王會見的時候，楚王也忍不住想戲弄他：「難道齊國沒有人才了嗎？居然派你這樣一個矮子來我國訪問！」

晏子一聽，不假思索地回答說：「齊國派人出使外國有自己的規矩，賢明的人去見賢明的國君，不賢明的使臣去拜見不賢明的國君，我在齊國算是最不賢的人了，所以齊王就派我到楚國出訪。」

楚王原本是要羞辱晏子的，未料卻被晏子狠狠地嘲諷了一頓。

從這兩則典故中，我們可以很清楚地知道，幽默不僅僅是「搞笑」的工具，它還是一把雙刃劍，既可以保護自己，也可以給對手留下足夠的面子；既可以用它來進行攻擊，又可以使它成爲彼此關係的黏著劑。

據說，張大千是也是一個善於用幽默化解嘲弄的典型。

有一次，他與友人相聚，因他留有很長的鬍子，所以他的鬍鬚很快成為友人們談論和嘲弄的對象。

有一天，張大千和朋友們聚會時，靜靜地聆聽客人們的對話，等他們講完了，他便就開始發言，說了一個三國時候的故事。

三國時候，關羽的兒子關興和張飛的兒子張苞，追隨劉備率軍討伐吳國，但報仇心切的他們，都想爭當先鋒，使劉備相當為難。

沒辦法，劉備只好出題說：「你們比一比，說說你們的父親先前的功績，誰的父親功勞大就由誰當先鋒。」

張苞一聽，不假思索地說：「我父親當年三戰呂布，喝斷壩橋，夜戰馬超，鞭打督郵，義釋嚴顏。」

輪到關興的時候，他心裡一急，又加上有些口吃，半天才說出一句來：「我父親有五尺長髯……」

然後，就再也說不下去了。

沒想到就在這個時候，關公顯靈了，他站立在雲端上，聽了兒子這句話，氣得鳳眼圓睜，大聲罵道：「這個不肖之子，老子生前過五關斬六將你不講，卻在老子的鬍子上做文章。」

張大師說完，在場人士莫不俯仰大笑起來。

張大千就是這樣巧妙地套用了關羽鬍子的幽默故事，不但使自己從眾人戲弄的位置解脫，而且也順帶地給予反擊，從而產生了一箭雙雕的效果，這就是將幽默當成一把雙刃劍的故事。

其實，幽默的這種「雙刃劍」功能，還表現在古今中外的論辯藝術中。在春秋戰國時期尤爲明顯，不論是縱橫家或是外交使節，往往獲勝的關鍵在於論辯的高明與否。

在戰國時期，晏子以口才善辯而聞名於諸侯各國。

有一次，晏子代表齊王來楚國洽辦公事，楚王和臣子們私下商量一個計劃想試試晏子的能耐。

晏子來到楚國之後，上朝面見楚國國王，正在會談的過程中，有一個大臣來報告說，士兵們抓到一個行竊的齊國盜賊。

這時候，楚王轉過身來，笑著對晏子說：「怎麼齊國人這麼喜歡盜竊，齊國人是否全都這樣呢？」

晏子識破是楚王搞的鬼，很快就反應過來，對楚王說：「我聽人說，橘子樹要是長在淮河以北的地方就結橘子，而如果長在淮河以南則結枳子，這是什麼原因造成的呢？是南北水土的差異所造成的。齊國人其實一點也不習慣偷盜，他們在齊國並不偷，可一到了你們的楚國就變得喜歡扒竊了。這是什麼原因？當然再次又說明了，地方水土的差異。楚國人習慣於偷竊，所以齊國人到了楚國也就變成了小偷，您說是不是呢？」

楚王聽了之後，哈哈大笑地對晏子說：「沒想到本王沒戲弄到你，反而成了自討沒趣。」

極善於在論辯中維護自己的論點和看法的晏子，正是一個懂得利用幽默駁斥對方言論，反擊對手的高手。

# 拿捏好幽默的尺度

幽默比較難於掌握的是精髓實質，弄得不好就會和東施效顰一樣。作為領導者，必須對此應清晰地瞭解，並學會把握好幽默的尺度。

幽默威力無窮，可以化腐朽爲神奇，可以使整個世界亮麗起來，就像支無形的火把，會照亮你的一生，這也就說明了我們學習幽默技巧和藝術的必要性。

如果我們把幽默視爲一種藝術來看待，那麼它就具有其自身特有的內部規律和特性，我們在學習和掌握這門藝術的時候，就一定要遵循這種內在的特性和規律，這樣才有可能找到適合的途徑。

成語中有句「東施效顰」，說的是春秋的時候，越國有一個美麗的女子叫西施，因爲心絞痛的毛病，經常會捂著心口，這個小小的動作因爲她人生得漂亮，所以大家連她疼痛時候的樣子也覺得很可愛。

在同一條街上有個醜女，名叫東施，當她看見西施疼痛時的樣子，非常可愛動人，所以她也無病呻吟，經常捂住自己的胸口作痛苦狀。一樣的小動作，她卻引人作嘔，人們不但不覺得可愛，反而還覺得她更加醜陋。

這個典故，對我們學習幽默很有啓發意義。

幽默雖然在很大程度上具有娛樂和活躍氣氛的作用，但絕不能將它視爲單純的「搞笑」，這樣就會將幽默庸俗化與簡單化了。

幽默是一門藝術，是人類精神和情緒宣洩的一個重要渠道，也是人類靈魂的一個窗口，應高度重視它的內容，而不是它的形式。

大家爲什麼覺得東施的樣子醜陋，而西施卻讓人迷戀不已呢？

一方面是因爲東施是一個醜女，而西施則是一個美女，但另一方面本質的原因則是，西施的表情是其感情和內心感受的自然流露，具有形式與內容的統一性，她

用了恰當的形式表達了本身的內容，因而就具有了一種眞實而自然的美感。

然而，東施卻是無病呻吟，故作病態，是形式與內容的分離，她只模仿了西施的外在表情，卻無法獲得西施那種眞實的內容和眞實感受，因而她的「美」是裝出來的，是虛假的。

所以，幽默比較難於掌握的是精髓實質，弄得不好就會和東施效顰一樣。必須對此清晰地瞭解，並學會把握好幽默的尺度。

如果說，幽默不能爲人釀出歡娛，卻給人怨憤、痛苦，這就讓人遺憾了，因爲，幽默有時會成爲間接的攻擊方式，所以不要濫用譏諷，特別是直接譏諷。

一般來說，當你在運用幽默的時候，要先看清在場有哪些人，這些人的背景如何，從而避開一些敏感的話題和不該在這種場合說的話。

比如說，對職業的蔑視很致命，你嘲笑對方本來就不滿意的職業，無疑是嘲弄對方的才能與人品，因而隨意玩笑的結果反而造成了彼此的隔閡。

曾經有位內向的女大學生，在找工作時被迫改變了初衷，而當了一家賓館裡的公關小姐，但是，她其實很討厭成天在客人面前說笑周旋。

有一次，當她出席同學聚會時，她最親密的女友迎過來說：「哇，好漂亮！全體起立，向我們的賣笑女郎致敬。」

聽到這一句話，相信在你心中，也和女孩一樣有著相同的感受，這句話讓原本春風滿面的女孩，頓時如遭雷擊，傷心地轉身離去。

由此我們可以看出，幽默特別強調本身的「眞實性」，一方面要有感而發，另一方面也絕不能「表錯了情」。

# 靈感是幽默的泉源

希望變得風趣幽默，便要經常翻閱有關方面的書，並增強和培養自己的幽默感，如此才能輕鬆地展現幽默風采。

靈感不是什麼突發奇想，更不是空穴來風，而是一種長期積累的一瞬間閃光，所以靈感就是幽默的泉源，意即在現實生活和個體人生孕育的靈感。一個對生活馬馬虎虎、麻木不仁的人，或一個缺乏細心觀察態度的人，是很難有多少靈感的。

美國有位著名的女作家叫艾倫，從小就是一個又聾又瞎的小女孩；一個耳朵不能聽，一個眼睛不能看的人，將如何感知世界、體味人生呢？

當大家在質疑時，艾倫卻憑著執著的信念與對人生幸福的渴望，開始了她歷經磨難而又回味無窮的漫長人生，她沒有被生活所拋棄，自己用認眞的生活態度成就了她的生命。

爲了學會每一個單詞和概念，她必須付出極大的辛勞，比如爲了知道什麼是「water」（水），她的老師只能將她帶到水池旁邊，將清澈而冰涼的水，慢慢地澆淋到她的手背上，或擦在她的臉上。

因爲她不能聽到聲音，老師便讓她用手摸自己的嘴唇，以透過發音時的口形，來反覆揣摩「water」的發音。

在一篇優美散文中，艾倫的結尾是這樣說的：「我們每一個人都應該珍惜我們生命裡的一分一秒，就好像我們明天就要離開這個世界一樣。如果你明天就要永遠離開這個世界，那麼，你今天打算做些什麼呢？」

另外她還寫著：「如果，你能讓我用自己的眼睛好好看一看這個世界，哪怕只有三天時間，那麼，我就願意死去。在這三天的時間裡，我一定要好好地看一看，世界有些什麼顏色，紅色和綠色又是什麼樣子，藍天白雲又是什麼形狀，清澈的水

到底有多麼可愛。」

因爲對生活和生命的珍視和熱愛，使她產生了奇蹟般的思想火花，其實，我們要讓自己具備幽默感，也與這個道理相同，所以，你用什麼樣的態度生活，是很重要的一件事！

用心體會生活的美妙之處，以及人身爲萬物之靈的意義。不要疏忽這個大意，當我們拿忙碌當作生活馬虎的藉口時，我們便失去與缺乏了對人類和人生的終極關懷意識，更成了爲生存而「奮鬥」的奴隸。

所以，我們必須向這種生活方式說「不」，並對生活多用點心。

再者，我們要善於觀察日常生活中幽默的好處。

當你聽完狡猾的狼與善用計謀的狐狸的故事時，你也許會開懷一笑，這個時候你就不妨追究一下自己爲什麼會笑，爲什麼會這樣開心，開懷大笑之後，又從這個故事獲得什麼心得。

在你看完《阿Q正傳》之後，你也應該回顧一下內心的眞實感受，是否有著莫名而令人難忘的感受。

阿Q的確讓人覺得幽默而滑稽，但是，當他被糊裡糊塗地押上法場時，留給我們的，眞的還是只有那一笑嗎？

當然不是，當無盡的感傷和悲哀激起時，這樣的幽默是深刻的，而我們也必須學會欣賞這些深刻的幽默，如果我們想要學會運用幽默的話。

希望變得風趣幽默，便要經常翻閱有關方面的書，讓自己從理論上瞭解什麼是幽默，從而使自己增加一些必要的知識，並增強和培養自己的幽默感，如此才能輕鬆地展現幽默風采。

# 不分場合的幽默使人厭惡

要保有自己應有的形象，講笑話如果毫無邊無際，太過誇張，或為了追求效果而手舞足蹈，活像個小丑，也會讓人感到難以接受的。

幽默是陳年美酒，適量的飲用不僅讓人心曠神怡，還能延年益壽，但若是喝過了頭，便會引發諸多不愉快的事。

如果幽默是一朵美麗的花，那麼它就是一朵帶刺的玫瑰；如果幽默是一把劍，那麼它便是一把鋒利無比的雙刃劍。

這就是爲什麼我們在談到幽默的好處和潤滑功用時，還須要強調幽默的禁忌，因爲有一種不合時宜的幽默，非但不會讓人感到愉悅，反而會造成渾身不適的感受。

那就像吃飯時，不小心吃進了蒼蠅，教人大倒胃口，這個時候的幽默便不再是芳香的花朵，而是一種發了霉的細菌。

其實，這並不是幽默，問題是它卻經常與幽默混雜在一起，難以區分。

雖然一句好話可以爲溝通帶來輕鬆的氣氛與說服力，但是喋喋不休的妙語、笑語、警句、諷喻，卻會讓溝通發生阻塞，因爲「幽默轟炸」，通常都會帶來思維上的緊張，教人手足無措，不知如何是好。

過度強調幽默，會讓人感覺古怪，特別是剛認識一個人時，若是滔滔不絕地說著連篇笑話，看似很有才識，很有幽默感，但是，對方也可能認爲，你是個油嘴滑舌、輕浮虛僞、慣於賣弄的人。

因此，凡事應恰到好處，過與不及都是不理智的狀態。

我們明白，缺乏幽默感會讓人覺得死板、缺少生氣，讓你的嚴肅面孔更加讓人有拒人於千里之外的距離感。但是，過於「幽默」也是不妥當的，在日常生活中，

適當地使用幽默的藝術，才能使彼此之間有一種輕鬆、活潑而愉快的生活享受。

在古希臘中，人們用了一個絕妙的詞來表達笑的意思，那便是「gelao」，原意是「照耀」。

因爲，「笑」照亮了人們的臉龐，使人神采奕奕，目光傳神，紅潤的雙唇舒展在白瓷般的牙齒上面。

同時，笑意還會擴及人的全身，當人們放聲大笑時，全身上下各個部位都跳動了起來，人更處於歡欣鼓舞、興高采烈的情況，笑的美好便在於此，它的魅力還能刺激人們工作和生活中的熱情與精力。

由此可見，在文明綻放的世紀中，人類努力地將笑的功能發揮到極致。

然而，隨著人們生活的現代化和多元化，我們也發現到，幽默的笑語並不能隨便施與，它還受到地理、環境、文化傳統和人文背景的制約。

像是在莊嚴肅穆的社交場合，比如葬禮中或宣佈重要的嚴肅事件時，任何戲謔的話語都會被受非議，引起別人的誤會，甚至還會激起公憤。

譬如你的上司或下屬正在為失去親人而難過時，你便不能為了「趕走悲傷」或「製造氣氛」，而不顧時機、場合插科打諢，那並不會獲得肯定，而是會讓人厭惡。

此外，也要保有自己應有的形象，講笑話如果毫無邊無際，太過誇張，或為了追求效果而手舞足蹈，活像個小丑，也會讓人感到難以接受的。

PART 5.

# 善用誇獎，自然能如願以償

拍馬屁不但不會讓對方開心，
有時候還會取得適得其反的效果，
讓人覺得噁心、虛偽。
唯有真心誠意稱讚他人，
才會為你帶來好處。

# 避免觸及隱私，維持同事情誼

在與同事交往的過程中，得注意不該問的就別問，更別深入探詢對方的隱私，否則可能引起對方反感，破壞同事間的情誼。

在職場上，有時會發現某些公事牽涉到自己的私人生活，很難做到公私分明。因此，雖然不想回答某些私人問題，但如果這問題涉及公事，就不可能一直迴避，仍得做出一個直接的答覆。

曾有一位經理獲得了一個外調到別個城市工作的升遷機會，但是，他妻子不願意搬家，因為她在目前居住的城市裡有一筆業務要繼續做下去。

所以這位經理面對老闆的詢問時，不知該如何回答，陷入猶豫不決之中。當他

的上司問他：「你妻子同意你到外地工作嗎？」他只好回答：「我正在努力說服她，請您再給我一點時間。」

但是，當他一看到老闆臉上的表情時，就馬上明白，這既是一個與私人生活有關的問題，也是一件得認真商談的公事。

為了日後的升遷，於是他馬上補充道：「請您再給我一個晚上的時間，我保證明天給您一個確切的答覆。」

當天晚上，他和妻子認真地談論了這個問題，最後他們達成一致的意見，就是他接受公司這次外調的安排，他的妻子留下來繼續她的生意，他們做一段時間的分居夫妻，每個週末相聚一次。

因此，第二天一上班，這位經理很誠摯地告訴老闆：「我接受公司給予的這次機會。」

老闆聽了，滿意地點點頭。

在工作當中，如果某些問題牽涉到自己的家庭生活，就必須做出全盤考慮，不可讓老闆覺得自己不顧公司利益，不服從公司的安排，但也不能讓工作嚴重影響到自己的家庭生活，甚至必須拿自己的家庭做犧牲。一旦發生這種情況，應該像上面那位經理一樣，盡力爭取更多時間和家人商量、解決問題，以做到公私兼顧，或者最小限度地減少個人損失和影響。

另外，在日常人際交往當中，有關年齡、婚姻等敏感話題是忌諱談論的，特別在西方文化中更是如此。

有時，身邊的同事或部屬可能出於好奇心，提出涉及私人隱私的問題。在這種情況下，領導者可以輕描淡寫、避重就輕地回答對方，這是最好的拒絕方式，不要表現出「你怎麼敢如此問」的態度，這只會破壞彼此間的情誼。

在辦公室中，最常見且與工作無關的問題就是「你幾歲」、「結婚了嗎」、「有男（女）朋友嗎」、「對方在做什麼」……諸如此類。

對於這些問題，如果不想談，可以委婉地表示自己不願回答，或是微笑著用一個看似可笑的回答予以反擊。

像是說：「對不起，我不想回答這個問題」、「喔，我相信我們都不喜歡談論私人問題」、「我感覺自己一直像個童年的孩子」、「今天，我覺得自己像個百歲的老人」……等等。

這樣既能給予答覆，同時對方也無法得到確切的答案。

不過，若是不用具體的數字回答時，對方可能會用一些間接的問題繼續發問，如：「你是哪一年畢業的」、「你是幾歲結婚的」、「你的孩子是什麼時候出生的」。

面對這種糾纏不休的人，只需輕描淡寫又充滿幽默地回答：「本世紀」，對方知道自己碰到軟釘子，多半就不會繼續追問。

同理，與同事或上司、部屬交往的過程中，也得注意不該問的就別問，更別深入探詢對方的隱私，否則結果可能不但無法滿足自己的好奇心，還會引起對方反感，破壞了彼此間的情誼。

# 婉拒，也得多花點心力

在同事相處之中，應該在追求「正確」的同時，兼顧「合作」和「情誼」，採用多向思維的方式，考慮和處理同事的要求。

若辦公室裡的同事像個「乞丐」一樣，總是提出許多不合理的要求，讓人回應也不是、不回應也不是，使人左右爲難、煩不勝煩，此時聰明人就應該「挑肥揀瘦」地巧妙應對。

在與同事往來的過程中，屬於自己向對方提出的要求，都是主動、可以掌控的，屬於對方向自己提出的要求，都是被動、不可掌控的。若要協調好同事之間的關係，首先必須學會巧妙應付同事提出的要求。

有些缺乏社交經驗的人，往往習慣用單向思維考慮和處理同事提出的要求，因此，儘管有時候他們做出的決定是正確的，卻引起了同事的反感。

處理這類事情之時，他們忘記了一條基本原則，就是與同事相處，並不單純爲了追求「正確」，應該在追求「正確」的同時，兼顧「合作」和「情誼」。

譬如在日常工作中，常常可以聽到類似下述的對話：

甲：「明天您能派兩個人，幫我們部門核對一下帳目嗎？」

乙：「不行，我這邊也很忙，抽不出人手。眞不好意思。」

從這段對話可以看出，儘管乙做的決定是正確的，也很注意交談方式，十分「禮貌」地回絕了同事的請求，但是，卻仍很可能引起甲的不快和反感。

究其原因，顯然並不在於乙的交談方式是否得當，在於他純粹採用了單向思維的方式，簡單地在「行」和「不行」之間進行抉擇。

這樣做，勢必使自己在處理同事之間的關係時，迴旋的餘地很小，也很難做到既追求「正確」，又兼顧「合作」和「情誼」。

在這種時候，倘若改用多向思維的方式考慮和處理同事的要求，結果就會大不相同。

例如，乙可以在下列幾種回答方式中，任選一種最佳方式，巧妙地回答甲。

• 折衷方式（部分滿足對方）：「好，我設法抽一個人給您，但另一個人請您向別的部門要求可以嗎？真對不起，我們這邊的人手實在不足。」

• 緩解方式（逐步滿足對方）：「我可以抽調兩個人給您，不過，得過幾天。如果您急著用，我明天先給您一個人，過五天後再給您另一個人，這樣可以嗎？」

• 轉嫁方式（讓第三者滿足對方）：「我一定設法讓您得到兩個人。這樣吧，我去找別的部門商量看看，待會兒再給您答覆好嗎？」

• 推遲方式（暫時不正面答覆對方）：「請讓我考慮一下，但我會儘快答覆您好嗎？真對不起。」

• 修正方式（以新方案「修正」對方的要求，實際上是巧妙地否定或拒絕了對方的要求）：「我有一個好主意，我們跟上司商量看看，將這份工作轉給另一個部門負責。這樣，您不就省事了嗎？」

・變通方式（在數量上滿足對方，質量上遷就自己；或者形式上滿足對方，實質上遷就自己）：「我可以支援您兩個人。不過，這兩個人不是從我的部門抽調，我去另一個部門借調，這樣好嗎？」

僅就這件小事，若運用多向思維考慮和處理問題，就會有上述多種可供選擇的理想方案。事實上，可供選擇的處理方案還遠不止這些。

按照同樣的道理，處理同事之間一切問題時，都可以分別採取「部分滿足」、「逐步滿足」、「轉嫁滿足」、「迴避答覆」、「巧妙否定」、「形式上滿足」、「看似滿足、實質拒絕」等多種方式，巧妙地應對。

如此一來，自己既不用花費太多心力，也不會傷害同事間的情誼，無疑是一舉兩得的最佳應對方法。

# 如何巧妙拒絕別人？

首先要先認同對方說的話，因此你可以這樣說來先平息他的怒火，對方就會不容易對你產生敵意，也能滿足他的自尊心。

世間的每個人都是獨立的個體，也擁有各自的思想和行爲模式，因此，面對不盡如己意的景況，希臘詩人荷馬曾經勸告我們說：「把你激動的心情按捺下去，因為溫和的方式最適宜，還要遠離那些劇烈的競爭。」

當對方否定或拒絕你的意見或想法時，你會有什麼樣的感覺呢？任何人一定都會覺得不太高興吧！這時必然會有一股怒氣油然而升，或對對方產生反感。因爲對方的拒絕或否定，會使我們的自尊心受到很大的傷害。

在這種狀況下，我們應該如何委婉地拒絕別人，才不會讓對方產生不愉悅或自尊心受損的感覺呢？

• 當對方說話時，不要每次都反駁他。

很多人發表意見時，都會聽到直接否定或拒絕的反應：「不對，我不那麼認爲，那應該是這樣的……」「是嗎？我覺得不是這樣……」「你在說什麼？這怎麼可能呢？你講話好奇怪……」等等。

其實，這些話對一般人來說，聽到只會越來越反感而已。所以說，這是一種最差勁的拒絕及否定法。

• 要聆聽對方的話，直到告一段落。

聆聽他人說話，一定要等到對方說話告一個段落爲止，即使你有反對的意見，也應該暫時忍住，無須急於表現。

因爲發言的人會想將自己想法完整的表達讓對方知道，並希望得到對方認同，因此對於話題被中斷，並遭否定一定會很生氣。

• 先表示認同對方的態度，再提出反對意見。

當你在聽完對方的話後，必須針對對方的話，傳達出自己並不是否定對方的想法，而且我們的構想其實是有相通之處，只是做法上有些不同，而關於這一點我們可以再作溝通和討論。

若直截了當地表示反對或否定，對方就會對你產生反感或敵意。

所以，首先要先認同對方說的話，因此你可以這樣說來先平息他的怒火：

「是，你說的話我很明白。」

如此，對方就會不容易對你產生敵意，也能滿足他的自尊心。

接下來，你可以試著說出自己的想法：「我也很贊同，不過我另外有一個的想法。你覺得如何呢？如果有不對的地方請提出來。」

這樣一來，對方就不會對你反感，而且大多能冷靜思考你所說的話，並且接受你的建議。

# 衷心的恭維才能贏得人心

言不由衷只會讓人覺得你是在惡意嘲諷、挖苦他。成功的恭維話應該讓人覺得你是真心誠意地在稱讚他，對方自然樂意收下你的恭維。

說恭維的話語必須注意場合、交談對象及恭維的內容。身為一個領導者，最忌諱的是說話時口若懸河、漫無邊際，自以為口才很好、能說善道，卻讓聽話的人一頭霧水、毫無頭緒。

領導者要說恭維的話語，必須注意的第一要則是要有真誠的內涵，所謂的「肺腑之言」就是這個意思，要讓對方覺得這話說得有道理，這樣的恭維才算成功，也才能達到情感交流的目的。

成功學大師戴爾．卡內基對於恭維的力量有相當深刻的體會，那是年輕時他離開戲團去當二流推銷員的經驗。

卡內基當時的情況很糟糕，不工作隨時都可能餓死，在這種情況下不得不到克爾德貨車專櫃當個二流的推銷員。

當時，卡內基對自己所作的工作毫無興趣，更說不上專業熟練，因而每次顧客光臨時，卡內基就立即向對方推銷，但對貨車卻避而不談。因此，他被認為是個瘋子，大家都嘲笑說老闆腦袋有問題才僱用了他。

老闆對此深為不滿，對卡內基吼道：「戴爾，你以為你是在演說嗎？你明天如果還這樣，你就不用再來上班了。」

卡內基對此也非常擔心，因為若失去這份工作，他就會成為路邊的乞丐了，所以他對老闆說：「老闆，為了能有口飯吃，我會盡力而為的，況且，你看明天將是個好天氣，你的生意一定會很好的。」

卡內基這番話讓老闆聽得很舒服，也就未再對他發脾氣，並放棄了開除他的念頭，卡內基也因而認識到恭維的價值和好處。

不過，恭維對方要不落俗套，最好的方法是就地取材，恰當地說出心中感謝與讚美的話，而且要有特色。

例如，當你到朋友家去作客時，主人若是對種花很有興趣，你可以稱讚他的花開得很美；假如主人養了貓、狗等寵物，你可以讚美牠們乖巧、聽話。像這種恭維就很切題，比那些落入俗套的恭維有用多了。

恭維人切忌言不由衷，更不可以恭維人的短處，這只會讓被恭維者覺得你是在惡意嘲諷、挖苦他，反而會讓彼此的關係變得更差。

總之，成功的恭維話應該讓被恭維者覺得你是眞心誠意地在稱讚他，如此對方自然會樂意地收下你的恭維，對促進人際關係也才有幫助。

# 善用誇獎，自然能如願以償

拍馬屁不但不會讓對方開心，有時候還會取得適得其反的效果，讓人覺得噁心、虛偽。唯有真心誠意稱讚他人，才會為你帶來好處。

人性共同的弱點是期望獲得別人讚美、欽佩、尊重，有效的溝通，就是活用說話藝術，巧妙表達自己的意思。

只要掌握人性的共同弱點，將自己的話語裹上一層糖衣，既可以激發對方內心潛在的慾望，更可以滿足對方渴望獲得認同的心理。

法國哲學家盧梭在《愛彌爾》裡寫道：「對別人表示關心和善意，比任何禮物都有效，比任何禮物對別人還要有更大的利益。」

能恰到好處地誇獎別人可說是一種卓越的技巧，有時候僅僅是一句輕描淡寫的

誇獎，就能給部屬彷彿春風拂面的愉悅感覺，甚至能使自己的目的如願以償。

人類都有渴望得到別人讚賞的天性，這正是我們之所以要常常稱讚別人的原因。稱讚別人不必用什麼華麗的言語，即使是用最平常的語言，也能有意想不到的效果。

對你來說，稱讚也許是再簡單不過的事，但卻能使別人愉快、振奮，甚至對方可能因爲這句讚美而改變一生。

成功學大師卡內基就很會誇獎別人，懂得如何利用誇獎使對方更加進步。

曾有一個例子是，卡內基曾經有一位來自匹茲堡的學生，名叫比西奇，在課業方面的表現總是比別人差，因而對自己失望到了極點。終於有一天，他來到卡內基的辦公室說：「卡內基先生，我打算退學。」

「為什麼呢？」卡內基問。

「因為我太笨了，無法學會你的課程。」比西奇難過地回答。

「可是，我並不這麼認為啊！我發現這半個月以來，你有很大的進步，而且在我的印象中，你始終是個相當勤奮的學生，怎麼可以隨隨便便提出退學呢？」卡內基很認真地回答他。

「真的嗎？你確實是這麼認為嗎？」比西奇驚喜地問。

「真的。而且我認為照這樣努力下去，你一定能在結業之時取得優異的成績。」卡內基繼續說：「我小時候，人們也都覺得我很笨，將來肯定不會有什麼出息，你比當年的我要好太多了！」

比西奇聽了卡內基的話後，內心燃起了希望之火，也更加努力、勤奮地學習，最後果真在結業時拿到傲人的成績。

比西奇畢業後，在自己家鄉開了一間肉品工廠，卡內基依然在他事業不順利的時候鼓勵和誇獎他。

卡內基在寫給他的信中說：「肉品工廠很不錯，很有發展前景，我相信只要你好好努力，一定會相當成功。」

比西奇從卡內基的言語中受到莫大的鼓舞，同時他也將誇獎的技巧用到自己的

員工身上，沒想到成效甚佳。

在經濟大蕭條的年代裡，美國處處都面臨著破產危機，但是，比西奇的肉品工廠不但保住了自己原本的生意，而且還擴大了市場，這的確可以說是一件難得的奇蹟。

後來，比西奇回憶說，他的肉品工廠之所以沒有垮掉，原因就在於他運用卡內基教導他的誇獎技巧，使整個工廠上下一心，才得以存活下來。

除此之外，稱讚也是一種重要而有效的交際手段，可以運用在工作場合中的任何瑣事上。

例如，當你看見一位女下屬或女同事穿了一件新衣服，就可以稱讚說：「妳穿這件衣服眞漂亮！」

如此一來，她可能就會因爲這一句話而一整天心情愉快。

參加公司舉辦的各項活動時，也可以對那些忙得不可開交的部屬誇獎道：「你們做得很好，辛苦了！」

如此一來，對方就會感到自己的勞動得到別人的肯定，很樂意再貢獻自己的心力。

誇獎是一門藝術，巧妙的誇獎可以使別人和自己快樂，但誇獎絕對不是拍馬屁，若你將兩者視爲相同，那麼你的稱讚不但不會讓對方開心，有時候還會適得其反，讓人覺得噁心、虛僞。

要記住，唯有眞心誠意的稱讚他人，才會爲你帶來好處。

# 先學傾聽，再學溝通

懂得傾聽，就能從他人那裡學到許多，能夠充實自我，同時又可以擺脫自我的偏見與固執，成為一個虛懷若谷且受人歡迎的人。

天底下沒有融化不了的冰山，在職場上也沒有絕對不能和睦相處的上司和部屬，只要懂得用同理心，設身處地爲對方著想，眞心誠意地對待他們，那麼，就一定能換來他們更誠摯的回報，讓自己往後的升遷之路創通無阻。

眞正的說話高手，絕對不會得罪上司或部屬，讓自己疲於奔命。

許多人在交談的時候總喜歡滔滔不絕地說話，因而讓人產生厭煩的心理，犯下這種錯誤是不划算的。

正確的做法是，應該儘量讓對方說話，應該向他提出問題，讓他告訴你答案，而不是你滔滔不絕地說。

此外，交談時打斷對方的話語，或是表現出冷漠或不耐煩的樣子，都是不明智而且危險的舉動，應該要耐心地讓對方把話說完。

那麼，傾聽究竟能使領導者獲得怎樣的好處呢？

### ●傾聽能使人感到被尊重和被欣賞

人們都有這種傾向，總對與自己有關的問題更加關注，傾向於自我表現。因此，一旦有人願意傾聽我們談論自己，就會感到自己受到了尊重。

有人曾說，專心聽別人講話的態度，是我們能給予別人最大的讚美，除此之外，透過認眞傾聽的過程，我們也會獲得極大的好處，那就是使別人用熱情和感激來回報我們的眞誠傾聽。

### ●傾聽能夠增進彼此的瞭解與溝通

一般的推銷員上門推銷商品時，多半只顧著說自家的產品有多好，但這種推銷方式只會令人厭惡。

一個優秀的推銷員會只說三分之一的話，把三分之二的話讓給對方去說，然後專心地傾聽。

這樣的推銷方式，反而更能讓顧客接受自己的商品。這個方法運用在領導統御和人際交往中，也同樣有效。

### ●傾聽能夠減除壓力，幫助他人理清頭緒

美國歷史上最負盛名的總統林肯的一個親身體驗，正能證明這個說法。

當林肯在南北戰爭陷入最困難的情況時，身上肩負著來自各方面的壓力，於是他把一位老朋友請到白宮，請他傾聽自己的問題。

他們交談了好幾個小時，而大多數的時間都是林肯在說話，他還談到發表一篇解放黑奴的宣言是否可行的問題。

林肯仔細分析了這項行動的可行之處和不可行之處，並把人們發表在報上關於

這一問題的文章唸出來，在這些文章中，有些人是因他不解放黑奴而罵他，有些則是因怕他解放黑奴而罵他。

過了幾個小時之後，林肯並未徵詢老朋友的意見，只是感謝地和他握握手，把他送了回去。

後來這名朋友回憶說，是傾訴使林肯的思緒清晰起來，並且使心情舒暢許多，他僅僅是充當一名合格的傾聽者，沒有給他任何建議。

不過，這正是我們在遇到困難時所需要的。心理學家已經從理論的角度證實，傾聽可以減除心理壓力，當人有了心理負擔和難以解決的問題時，找一個恰當的傾聽者是最好的解決辦法之一。

## ●傾聽是解決衝突矛盾，處理抱怨的最好辦法

一個有耐心、有同情心的傾聽者，可以使一個牢騷滿腹，甚至是原本不可理喻的人變得通情達理。

曾經有過以下這樣一個例子，某電話公司碰到一個霸道、蠻不講理的客戶，對

電話公司的工作人員破口大罵，甚至還威脅工作人員。此外，他又寫信給報社，向消費者保護協會投訴，到處告電話公司的狀。

面對這種情況，電話公司派了一位最善於傾聽的調解員去見這位客戶。這個客戶一見到他便怒火中燒，憤怒地大聲「申訴」。

但這個調解員只是靜靜地傾聽，並不時報以同情的眼光和話語，就這樣足足聽那名客人發了三個多小時的牢騷。之後，那個電話公司的調解員又兩次主動上門傾聽他的不滿和抱怨。

就在這位調解員第四次拜訪那名客戶之時，那位顧客已經把他當成自己最好的朋友了。

這位調解員正是運用了傾聽的技巧，他的友善、耐心、同情、尊重使那個蠻不講理的客戶變得通情達理，最後終於徹底解決了公司和這位顧客之間的矛盾，而且兩人還成了好朋友。

## • 傾聽能幫助你學習與成長

懂得傾聽就能從他人那裡學到許多，能夠充實自我，同時又可以擺脫自我的偏見與固執，成爲一個虛懷若谷且受人歡迎的人。

傾聽能使我們學習他人之長，彌補自己之短，同時，別人身上出現的缺點或錯誤對自己更是極佳的借鏡，若能懂得引以爲誡，自己就能不斷成長，成爲一個受歡迎的人。

# 懂得「是」的技巧才能達成目標

我們應該提出一個溫和的問題讓對方回答「是」，如此談話就能繼續，你也才有機會說服對方，讓對方接受你的看法。

世界上有不少善於言談的人，但說話時懂得拿捏分寸的人卻不多，想受人歡迎，言談得體、把握分寸是十分重要的。

言談得體的關鍵之一就是要使聽者高興，關鍵之二是不要只顧自己說話，關鍵之三是要引導別人有目的地談話。

和部屬或同事交談的時候，不要一開始就提出異議，要不斷強調你們共同的話題。不斷強調共同點是因爲彼此都爲共同的目標努力，而不是要彼此爭論，唯一的差異就只是方法或途徑的不同而已。

因此，當你們開始談話時，要儘量使對方說「是」，而不要使對方總是和你的態度相反，一味地說「不」。

一個懂得說話的人在和別人交談時，能一開始就得到「是」的反應，接著會把聽衆的心理引入肯定的方向。

這種心理反應是很明顯的。當一個人說「不」時，整個身體如內分泌、肌肉、神經等等，完全是呈現一種拒絕接受的狀態，優秀的人能看出對方的身體產生一種收縮或即將收縮的情況。

但是，當一個人說「是」的時候，卻與上述的反應相反，他的心理、神經、肌肉都不會有緊張的反應，整個人都呈現前進、接受和開放的狀態，唯有這樣，領導者的言行才能被別人接受。

因此，在談話時，對方回答越多「是」，越能達到談話的目的。

善用這種「是」的方式，能輕易說服別人，並讓對方樂意地接受你的觀點。如

果對方能從一開始就保持說「是」，談話就不易產生爭執，也就不用費盡唇舌地去說服對方接受自己的意見了。

「雅典的牛蠅」蘇格拉底是個口齒伶俐的老頑童，可是他徹底地改變了人們的思想，還被稱為卓越的演說家之一。他的方法是什麼呢？他是否對別人說他們錯了，而拚命糾正對方的想法呢？

其實剛好相反，他的方法就是善用「是」的技巧，先得到對方「是」的回答，然後他就能提出一個接一個的問題。

聰明的人想說服別人的時候，不要忘了連大哲學家蘇格拉底也使用的技巧，應該提出一個溫和的問題讓對方回答「是」，如此談話就能繼續，也才有機會說服對方，讓對方接受你的看法。

唯有愚蠢的人才不懂得變通，而老讓對方說「不」，如此，自己的看法永遠也無法傳達出去，自然也就無法影響別人了。

# 懂得說話，更要懂得聽話

人與人只要有利害衝突存在，就永遠無法平等。有求於人時，你可能會不惜委屈自己；別人有求於你的時候，你也可能會趁機故作姿態。

說話是一門藝術。說話得好，可不費吹灰之力達成自己的目的，說得不好，可就說不定會因此搞得灰頭土臉。

直言不諱雖然是一種誠實的表現，但是什麼話都不懂掩飾，既是直率也是輕率，難免會得罪了人而不自知，事情自然不一定能成功。所以，適度地吹捧是有必要的。

然而，吹捧要有技巧，因為吹得過頭會讓人一聽就覺得很虛假，反倒會有反效果，吹得不夠或根本吹錯了方向，則不容易達到目的。

韓非子說：「凡說之務，在知飾所說之所矜，而滅其所恥。」

意思就是說，說服他人的首要任務，就是在於要懂得將對方所驕傲的事物裝飾得更爲華美，而完全不提會令對方羞愧的事。

這是一種攻心爲上的厚黑心理要領，吹捧對方驕傲的事物，可以讓對方感到興趣，同時慢慢打開心防。至於不提對方羞於啓齒的事物，則是表現一種尊重，不給對方有機會將心門關上，話語聽得入心，說服的機率便會大增。

既然懂得話該如何說，當然也要懂得話該如何聽。聽得出眞假，聽得出動機，才能不被人牽著鼻子走。

戰國時，齊國有一位大夫名叫鄒忌，人長得英俊挺拔，對自己的容貌也極有自信，相當引以為傲。

有一天早晨，他穿好朝服，戴好帽子，對著鏡子端詳了一番，雖然自己覺得相當滿意，但還是問了問他的妻子說：「我和城北徐公比較起來，誰長得英俊？」

妻子說：「你看來英俊極了，徐公怎麼比得上你呢？」

徐公是齊國出了名的美男子，鄒忌聽了妻子的話，雖然心花怒放，但還是不太敢相信自己真的比徐公英俊，於是他又去問他的愛妾。

想不到，愛妾也回答說：「徐公怎能比得上你呢？」

鄒忌半信半疑，倒不是想反駁妻子和寵妾的答案，只是有點不確定罷了。

第二天，鄒忌家中來了一位客人，鄒忌在言談之間又問了客人同樣的問題，客人說：「徐公哪有你這樣俊美呀！」

鄒忌雖然心底還有一絲懷疑，但既然大家都這麼說，那麼應該是不會有錯的了。結果，沒過幾天，徐公正巧來到鄒忌家裡拜訪，鄒忌便乘機仔細地打量徐公，結果發現自己實在比不過徐公。

這個發現讓他感到有點挫折，但是更大的成分是不解，既然徐公事實上是勝過自己，那為什麼妻子、愛妾，甚至於上門的訪客，都說了相反的話呢？

他仔細地想了很久，終於明白其中的緣由：「原來妻子說我英俊，是因為偏愛我；愛妾說我英俊，是因為懼怕我；客人說我英俊，是因為有求於我。其實，我根

本沒有徐公漂亮啊！」

面對別人的指責，我們要虛心受教、認眞檢討，而面對別人的稱讚，則不可全盤接受，得意忘形。

就如鄒忌，當他聽到別人的稱讚，心中雖然高興，但認眞地觀察之後，知道其實人外有人、天外有人，如果就此遭人蒙蔽，必定就如此沈緬在自己編織的幻想之中，無法自拔。

人人應該生而平等，但是人與人之間只要有利害衝突存在，就永遠無法平等。有求於人時，你可能會不惜委屈自己；別人有求於你的時候，你也可能會趁機故作姿態。那就像一種無形的協定，只要雙方達到目的就成了。

所以要記住，你如何待人，人必如何待你；你拍人馬屁，別人也會拍你馬屁；你給人臉色看，別人也不會放過你。

PART **6.**

# 用恰當的方式，讓對方改變態度

面對別人的冷遇時們必須冷靜地思考，
弄清問題的真正原因，
這樣才能採取靈活的相應對策，
讓對方改善態度。

# 用恰當的方式，讓對方改變態度

面對別人的冷遇時們必須冷靜地思考，弄清問題的真正原因，這樣才能採取靈活的相應對策，讓對方改善態度。

說話辦事之時，萬一備受冷遇，千萬不能灰心氣餒，而是要區別情況，弄清原委，再決定對策。

根據實際情況，可選用下列四種策略：

・設身處地為別人著想

對於無意的冷遇，應該採取理解和寬容的態度。

在交際場合，有時出席的人多，主人難免照應不周，特別是各類、各層次人員

同席時，出現顧此失彼的情形是常見的。這時，照顧不到的人就會產生被冷落的感覺。

當你遇到這種情況，千萬不要責怪對方，更不要拂袖而去。相反的，應設身處地爲對方想一想，給以充分的理解和體諒。

• 面對冷遇，不一定要針鋒相對

遇到故意的冷落要做具體分析，必要的情況下也可採取針鋒相對的手段，給予恰當的回擊。

當衆給來賓冷淡待遇是一種不禮貌行爲，在這種情況下，給以必要的回擊，既是維護自尊的需要，也是刺激對方、批判錯誤的正當行爲。

當然，回擊並不一定非得直接開罵不可，譏諷性幽默就是很好的方法。

有一天，納斯列金穿著舊衣服去參加宴會。他走進門之後，既沒有人理睬他，更沒人給他安排座位。

於是，他便回到家裡，把最好的衣服穿起來，又來到宴會上。這時，主人馬上走過來迎接等他，安排了一個好位子，為他擺了最好的菜。

納斯列金這時把外套脫下來，放在餐桌上說：「外衣，吃吧。」

主人感到奇怪，問道：「你這是幹什麼呢？」

納斯列金答道：「我在招待我的外衣吃東西。你們這些酒和菜，不是給衣服吃的嗎？」

主人的臉刷地紅了。

• 抓住對方的要害

與高傲的人打交道最容易遭到冷遇，這時也可採取類似針鋒相對的方法，以不卑不亢的態度，直擊對方要害，打掉他賴以爲傲的資本。這時，對方會從自身的利益出發，放下架子，認眞地把你放在同等地位上交往。

有一次，美國石油大王洛克菲勒的兒子約翰．洛克菲勒，代表父親與鋼鐵大王摩根談判關於梅薩比礦區的買賣交易。

摩根是一個傲慢專橫的人，看到年僅二十七歲的小洛克菲勒走進他的辦公室，

並不在意，繼續和一位同事談話。

直到有人通報介紹後，摩根才對小洛克菲勒瞪著眼睛大聲說：「喔，你們要什麼價錢？」

小洛克菲勒並沒有被摩根的盛氣凌人嚇倒，盯著他禮貌地答道：「摩根先生，我看你一定誤會了。不是我到這裡來求售，我的理解是你想要買。」

老摩根聽了年輕人的話，頓時目瞪口呆，沉默片刻，終於改變了聲調。最後，透過談判，摩根答應了洛克菲勒提出的售價。

在這次交鋒中，小洛克菲勒就是抓住了問題的關鍵，針對摩根急於要買卜梅薩比礦區，直戳對方的要害，使對方意識到自己應該認真地對待。

• 面對冷遇滿不在乎

對有意冷落自己的行爲持滿不在乎的態度，有時也是一種有力的武器。對方之所以冷落你，就是要你產生被冷落的不舒服感受，如果你偏偏採取不在意的態度，坦然地面對，以有禮對無禮，也能迫使對方改善態度。

一個老太太看不上女兒的男朋友，每次見到他來，她都不愛搭理，還說些難聽的話。但女兒的男朋友並不計較，假裝沒聽見，照樣以笑臉相迎，彬彬有禮，該幫忙的工作照樣去做。

最後，他終於以自己的誠意使未來的岳母轉變了態度。

面對別人的冷遇，必須冷靜地思考，弄清問題的眞正原因，這樣才能採取靈活的相應對策。

# 學會利益均沾，做成大買賣

真正的成功者不僅僅靠財力取勝，更要透過高明的溝通交際手腕，運用語言的藝術，轉變對方的立場，從而獲得豐厚利潤。

說話辦事需要有效的溝通方式作爲基礎，若沒有好的溝通，再遠大的目標也只是空談。

鋼鐵大王安德魯．卡內基之所以取得成功，就是因爲他不僅領略到這一點，更將此引申到爲人處事上，於商場發揮得淋漓盡致。

身處瞬息萬變的商場，該如何做好交際呢？

不妨參考以下三點：

・良好的心理素質

商場交際過程中，難免會碰上一些令人感到尷尬、氣憤、興奮的事情，這時保持良好的心理素質就顯得極爲重要，因爲這可以直接體現出你的涵養、氣魄、度量，拉高印象分數，促成即將進行的交易。

・不要擺架子

不管權勢有多大、地位有多高，人與人都是平等的。擺出高高在上的樣子，無非爲自己的交涉、溝通設下無謂障礙。

・投之以桃，報之以李

只知道一味地獲取，也是在商場交際中的一大禁忌。切記，一定要先權衡雙方的利益關係，才能讓交際溝通發揮最好效果。要更進一步明白這個道理，讓我們再以鋼鐵大王安德魯・卡內基的成功經驗爲例。

在美國鋼鐵業界，安德魯·卡內基爲什麼能有如此輝煌的成就？答案可能相當出人意料，並不是他對鋼鐵的製造過程懂得多，事實上，他手下的好幾百人，對鋼鐵都堪稱爲行家。

他的過人之處，在於知道如何運用說話辦事技巧，鞏固人際關係，達成目標，這才是賴以獲致成功的最主要原因。

有一回，卡內基想要把鐵軌賣給賓夕法尼亞鐵路公司，便暗中進行情報蒐集，知道該公司當時的董事長是艾格·湯姆森後，便馬上做出決定：在匹茲堡建立一座巨大的鋼鐵廠，取名為「艾格·湯姆森鋼鐵廠」。

試想，當賓夕法尼亞鐵路公司需要鐵軌的時候，董事長艾格·湯姆森會向誰購買？

毫無疑問，當然選擇卡內基的公司。

關於卡內基的說話辦事智慧，還有另一則事例。

當時，卡內基所控制的中央交通公司和普爾曼控制的另一家公司，為取得太平洋聯合鐵路公司的生意而明爭暗鬥。為了拿下工程合約，雙方大打價格戰，幾乎已到了毫無利潤可言的地步。

一天晚上，卡內基和普爾曼同時前往太平洋聯合鐵路公司，準備和董事會開會。兩人碰面後，卡內基說：「晚安，普爾曼先生。您說，我們難道不是在出自己的洋相嗎？」

普爾曼感到相當疑惑，問道：「這句話怎麼講？」

於是，卡內基開始陳述起雙方惡性競爭的壞處，接著說出自己想要合併兩家公司的計劃，並把合作、互不競爭能夠得到的利益說得鉅細靡遺。

普爾曼聽得十分專注，沒有馬上表態，最後他問：「若是合併了，這個新公司叫什麼名字？」

卡內基立即回答：「當然叫普爾曼公司。」

普爾曼頓時對他的計劃產生了興趣，臉色一亮，說道：「這相當有意思，讓我們來進一步討論吧！」

毫無疑問，因爲有出色的溝通技巧搭起橋樑，這項計劃獲得了極大的成功，在工業史上將留下了輝煌的一頁。

由此，可以看出卡內基說話辦事的高超之處，可以在關鍵時刻主動與人溝通，將劣勢轉變爲優勢。

商業往來中，眞正的成功者，不僅僅靠財力取勝，更要透過高明的溝通交際手腕，運用語言的藝術，轉變對方的立場，從而獲得豐厚利潤。

## 攻「心」才能收得真正效益

適時加以讚美，可在行銷、溝通過程中助你一臂之力。語言要把握得恰到好處，力求生動活潑、貼切實際。

說商場如戰場，如何在品牌衆多的商場上，把自己的產品成功地推銷出去，說服顧客，使他們心悅誠服地購買呢？

語言溝通絕對是最重要的。在商場上，只有夠漂亮、能夠打動顧客心裡的語言，才是金玉良言。

使顧客由「不買」變爲「想買」，可參考以下幾種方法：

### • 巧設疑問

若顧客看了你的商品，轉身就走，便說明了他根本沒有購買意圖。這個時候，你再繼續講述該商品有多好多優秀都無異於徒勞，因爲對方根本聽不進去。

但是，你若能巧妙地換一種辦法，使顧客抱著好奇心態停下來，傾聽你的講解，就有可能改變顧客的意圖，化「不買」爲「買」，抓住寶貴商機。

如何激發好奇心呢？很簡單，就是在適當的時候把疑問留給顧客。

## ●投其所好

顧客拒絕你推銷的商品時，可能會說出不買的原因。

你可以抓住這個機會與他溝通，根據回答找出不滿意的原因，以及顧客眞正的需要，投其所好，對症下藥。

但是，投顧客所好也要掌握分寸，一定要一針見血，一句話就說到對方心裡去，激發他的興趣。

顧客若有自卑心理，可以透過讚美消除，給他信心。顧客若是悶悶不樂、憂心忡忡，可以運用語言藝術說出更漂亮、幽默的話，改變當時的談話氣氛。顧客若不明事理、無理取鬧，不妨順水推舟，製造反差，使他意識到自身的錯誤，從而心悅誠服地接受你的意見。

想要順利與顧客展開溝通，必須先掌握顧客的心理，清楚他們在什麼樣的情況下需要什麼、想什麼，從而做成交易。

### ●真誠相待

有些時候，顧客只是抱著隨意逛逛的心態，走進你的商店挑了半天，弄得亂七八糟，最後一件也不買。

這時候，身爲老闆的你可能會相當生氣，該如何應對才好？

當著顧客的面說出自己的不滿，結果當然不言而喻。假若換一種心境面對，效果可能就大相徑庭了。

你應當將不滿的心情隱藏起來，耐心等待顧客挑選，並且笑臉相對。如此情況下，他極有可能會因爲你的熱情誠懇而感動，心甘情願地買走某樣商品。

某回，一個旅遊團走進了一家糖果店，參觀一番後，正打算離開時，服務員端上一盤精美的糖果到他們面前，柔聲地說：「各位好，這是我們剛進的新品，清香可口，甜而不膩，免費請大家品嚐，請不要客氣。」

盛情難卻，遊客們恭敬不如從命，但既然免費嚐了人家的糖果，不買點什麼實在過意不去，於是每人多多少少都買了幾包，在服務員歡喜的「歡迎再來」的送別聲中離去。

是什麼轉變了遊客的態度，從「不買」變成「買」呢？

自然是服務員耐心真誠的態度。

## •合理讚美

做生意時，不免要面對「大權在握」的客戶，這時不妨給予合理讚美，讓對方感到得意，同時做出一些讓人痛快的決定，以更彰顯他的「權力」。

在一次偶然的機會下，李華結識了一位女士，對李華經手出售的豪宅很感興趣，但對價錢卻沒有表態，留下一張名片便離開了。

李華看過名片，不由一怔，原來她是一家知名公司的副總經理。那位「女士」看起來貌不驚人，卻頂著「副總經理」的頭銜，李華認為，以她的經濟實力，絕對可以買下自己經手的這棟豪宅。

次日，李華打電話去向那位女士「行銷」，但對方只說了句：「太貴了，如果能便宜一點再說。」

事實上這是好事情，表示她對房子本身相當滿意，只是在價格上還有些問題。於是，李華要求直接與對方面談。

一走進那位女士的辦公室，李華便被眼前豪華氣派的佈置驚呆了。中間一張大辦公桌，右邊一套高級沙發，左邊還有一張大型會議桌，七、八位職員正在進行「小組討論」。

李華想也沒想，脫口而出：「您手下有這麼多人啊！」

那位女士笑著說道：「是呀！這些都是我的中階主管。」

「哇！他們都是主管，下面豈不是還有更多人？」

見對方點了點頭，李華禁不住讚佩道：「我見過很多男主管，但女主管有這麼

大排場的，還是第一次看到。您的權力想必很大吧！如果不是自身夠能幹、有才華，絕對不可能辦到的。」

聽見如此恭維，那位女士自豪地說：「這只是一小部分。」

李華故作吃驚狀，高聲說：「太驚人了，那您做事一定很痛快、乾脆，很有大將風範。」

聽完李華的讚美，那位女士心花怒放，非但笑得合不攏嘴，還連連點頭說：「這棟房子我要了，不用等我丈夫來看，我決定就可以。就這樣說定吧！我們明天就簽約。」

就這樣，李華做成了一筆大生意。

適時加以讚美，可在行銷、溝通過程中助你一臂之力。但切記一點：讚美是一門藝術，語言要把握得恰到好處，力求生動活潑、貼切實際。若是漫無邊際、不假思索，讓聽者明顯感覺你在拍馬屁，只會收到反效果。

# 懂得理解尊重，才是真正溝通

真正的友誼絕非矯揉造作的衍生物，而是發自兩顆真誠之心的相互溝通、相互交融。

朋友之間要保持良好長久的友誼，少不了相互的理解和尊重，能站在對方的立場上考慮問題，設身處地爲著想，才能培養出默契，積累深厚的感情。如果雙方都以自我爲中心，只知道爲自身著想，希望對方多爲自己付出，那麼這種朋友關係必然不會長久維持，溝通也無法順暢進行。

談話時，爲了有效參與討論，同時避免造成不快，首先，你要認眞地聆聽朋友們的想法和觀點，以此爲基礎，清楚地表達自己的觀點。此外，提問要適時酌情，

以便更妥切地瞭解對方。

朋友間以這種方式進行溝通，能夠形成彼此尊重的氛圍，溝通也會變得輕鬆且有意義。

與朋友溝通，切忌使用含糊不清的言辭，因爲可能讓對方在不知所云的狀況下產生誤解，無法準確理解你的眞實想法。要求自己做到言詞清晰，明確易懂地表達觀點，就能大大減少誤解。

另外，必須注意一種狀況：交談過程中，常常會產上一些意想不到的小摩擦，使你與朋友的關係出現緊張。

一旦出現這種情況，首先要告訴自己冷靜下來，找出眞正能解決問題的對策，做一個成熟的思考者。

適度降溫是必要的，應待雙方的情緒平息後，再心平氣和地進行溝通，請教對方爲什麼會得出與自己相異的觀點，進而從不同的角度分析問題、解決問題，化解歧見、凝聚共識，以維持彼此間的友誼。

即使是自己最親密的朋友，也一定要尊重對方，不要將個人愛好或習慣強加在對方身上。不但該嚴格要求自己，更要進一步體貼他人，明白朋友的爲人、性格和喜好，並在交往過程中尊重對方的個性與習慣，維護朋友的利益，對他做出的正確決定給予肯定。

如果朋友間彼此互不相讓，就不會出現有效的溝通。若只會說些諸如「你的做法很不對」、「爲什麼你連這也不懂」之類的刻薄話，必然導致彼此的關係慢慢疏遠，最後分道揚鑣。

互相尊重是展開良好溝通的前提，即便只是微不足道的小事，也不可以輕視，否則必將在無意中傷害朋友之間的感情。

能夠相互尊重，就能和諧愉快地相處，並長期保持友誼。

美國前總統羅斯福有一回聽說某個朋友的心愛之物被小偷偷走了，便寫信安慰他：「親愛的朋友，聽說有一隻蒼蠅順手拿走了一些你心愛的物品，我深表同

情。」

羅斯福的朋友很快便回信了，寫道：「幸好他只偷了一些與我生命無關的東西，並沒有傷到我一根汗毛。同時值得慶幸的是，作賊的是他，而不是我。」

充分理解朋友的苦衷並以合適的話去安慰，任何時候都適用。真情的釋放讓他感到你在任何時候都會給予支援，與他同患難，心中自然產生感激之情。

和諧且長久的友誼關係，需要雙方用心去維護。真正的友誼絕非矯揉造作的衍生物，而是發自兩顆真誠之心的相互溝通、相互交融。

# 掌握對方的心理，說服才會順利

談判成功是多種技巧的結合，要別人接受自己的觀點之前，首先應讓對方肯定某種觀點，然後再用自己的觀點取而代之。

不管是人際交往，或是商業談判，最艱鉅、最複雜、最富技巧性的工作，就是說服。說服力量，綜合了各種因素：聽、問、答、敘等各種技巧，綜合運用後改變對方的初始想法，讓他轉而接受自己的見解。善於說服的人能使敵對雙方化干戈為玉帛，而拙於說服的人，可能由於出言不遜，而使矛盾更加惡化。

日本的經營之神松下幸之助在企業界起步時，就曾以誠懇和說服取得企業家岡

田的配合幫助，使樂聲牌方型電池車燈先聲奪人、一炮而紅。

當時，他決定採用主動出擊策略，為市場免費提供一萬個方型車燈。但是由於財力不足，松下便厚著臉皮，希望生產乾電池的企業老闆岡田，能免費提供他一萬個乾電池，配合他實施這項計劃。

「一萬個乾電池價值不菲，要別人跟著自己去冒險，能做得到嗎？」松下不斷思索著如何說服岡田。

後來，松下想妥了一個違反常規的說服方法，便帶著樣品來到東京的岡田家拜訪。他先讓岡田看樣品，然後介紹自己推銷這個產品的策略。

岡田頻頻點頭讚許之時，松下說：「為了配合這種新型車燈的推廣，希望您能提供一萬個乾電池。」

岡田此時還不知道松下要他免費提供，便爽快答應了。

松下繼續說：「岡田先生，這一萬個電池，能否免費提供給我？」

一直在小酌的岡田一聽此話，立即呆住，怔怔地望著松下，手中酒盅停在空中，像是凍住了一般，空氣似乎也凝結了。

一旁的岡田夫人此時插嘴說道：「松下先生，我們實在不明白您的意思，能不能請您再說一遍？」

「為了宣傳造勢，我打算把一萬個方型車燈免費贈送，也請您免費提供一萬個電池，一道贈送。」松下不慌不忙地說。

老闆娘一副緊張的表情：「什麼？要一萬個？而且還是免費的？」

這也怪不得她，松下的免費計劃實在過於離譜。

岡田微突著小腹，緩過氣來驚疑而生氣地說：「松下先生，你不覺得這種厚臉皮的要求有點兒胡鬧嗎？」

松下處變不驚，鎮定地說：「岡田先生，也難怪您驚訝。但是，我對自己的做法非常有自信，無論如何，我決心要這麼做。但我不會無緣無故白白拿您的一萬個乾電池，我們不妨先談談條件。現在是四月，我有把握一年內賣掉二十萬個乾電池，請您先送一萬個給我。倘若您願意照我們的約定，我就把這免費的一萬個乾電池，裝在方型車燈裡當樣品，寄到各地。」

岡田疑惑地看著松下，問道：「你的想法倒是很偉大，但是，倘若賣不掉二十

萬個，你又該怎麼辦？」

「若是賣不出去，您照規矩收錢，這一萬個電池算是我自己的損失。」松下爽直地回答，沒有一點含糊。

岡田夫婦雖然不再言語，氣氛似乎融洽許多，但岡田的態度還沒有轉變。於是，松下進一步解釋：「我今年三十歲，已屆而立之年，正是努力事業的時候，無論如何，都會拼命工作。我二十三歲獨立創業，到現在已初具規模，這些年來，一直不敢有所鬆懈，我日夜都在想，怎麼做才能做得最好。我到這裡來請您幫忙，就是出於這個目的，請您相信我。」

松下這番話說得很認真，很誠懇，也很得體，岡田先生覺得他年輕有為，氣宇不凡，於是展露笑容說：「我做買賣十五年，還不曾遇到過像你這樣的交涉方法。好吧，如果你能在一年內賣出二十萬個，這一萬個就免費送給你，好好做吧。」

由於方型燈十分暢銷，岡田的電池也成了暢銷產品，不到一年就銷出了二十萬個，而這二十萬個電池的銷售利潤，遠遠超過贈送一萬個電池。岡田自從生產電池以來，從來沒有遇到過這樣的好景氣，對松下真是感激不盡。

松下的談判成功是多種技巧的結合，其中最主要的是採取一種超乎常規的說服辦法，變通技巧——要別人接受自己的觀點之前，首先應讓對方肯定某種觀點，然後再用自己的觀點取而代之。

他常常把自己的思想深入別人心裡，引起共鳴，掌握對方心理步步逼進，使其同意。他沒用半句強迫的言詞，但循循善誘之餘，總是叫人心悅誠服。

當然，最關鍵性的一件事是：松下必須有能力和信譽保證兌現諾言，否則就算臉皮再厚，說得再天花亂墜，也無濟於事。

# 使出心理戰術逼對手讓步

柯倫泰的一系列暗示，令充滿男人自尊和紳士風度的挪威商人，不得不接受她的低價，從心理上贏得了這場談判，輕描淡寫的一兩句話，就教人舉手投降。

英國思想家培根曾經說過：「用適當的話語和別人進行交談，遠比言詞優美、條理井然更為重要。」

話說得體合宜，不僅能表現出自身的涵養，也會讓人接受你的意見和觀點，透過說話策略與技巧，更會提昇自己的溝通、辦事效率。

只要做好心理建設，平日勤於鍛鍊說話技巧，要成為說話高手，其實一點都不困難。

柯倫泰是世界有名的大使，精通歐洲十一國的語言，曾經被蘇聯政府任命為駐挪威貿易代表，交涉一切對外貿易事務。

有一次，她和挪威商人就購買挪威鯡魚進行談判。

挪威商人開價很高，她的出價卻很低。

挪威商人精於談判訣竅：賣方叫價高得出人意料的時候，買方往往不得不做出小小讓步，再與賣方討價還價。然而，柯倫泰也知曉這些生意手法，不肯讓步就範，堅持低價交易。

因為她知道，只要談判不破裂，耐心拖下去，可能就會取得意想不到的效果。於是，她堅持「出價低、讓步慢」的原則，取得了討價還價的有利形勢。

後來，柯倫泰和挪威商人進行激烈爭辯，都想削弱對方堅持立場的信心，結果談判陷入僵局。

在談判無以為繼的時候，她突然無條件讓步，裝出一副可憐的模樣：「好吧，我同意你提出的價格，如果我們政府不批准這個價格，我願意用自己的薪資支付差額。但是，當然要分期付款，我可能得支付一輩子。」

她這幾句話說出來時，面露無奈神色。

挪威商人怎麼好意思叫她個人支付差額呢？於是也表露一臉無奈：「算了，將鮭魚價格降到您提出的那個最低標準吧！」

柯倫泰的計策是，她表面敗下陣來，卻提出了一個難解之題給對方：用一輩子的報酬分期支付雙方的價格差額。

其實，這道難題是不能成立的，因為她是蘇聯駐挪威貿易代表，有獨立處理貿易之權，她卻把它推給政府來決定，這是明顯的搪塞之詞，而且也是說不過去的。再者，她把挪威商人與蘇聯政府之間的貿易交涉，轉換成挪威商人與其個人的談判，轉換了談判主題，把本來雙方平等的談判，變成一種無法構成經濟關係的空談。

挪威商人的讓步，並非在邏輯上被柯倫泰說服，而是一種無形壓力佔據了心理：怎麼能拿她微薄的所得去填補如此巨大的價格差額呢？這樣做豈不是有失厚道？

其實，柯倫泰給他另一種暗示是：「你看，爲了跟你做成這筆生意，我一輩子的生活費全都要賠進去，難道你就不能讓點步嗎？教一個小女人無端失去生計的男人，算什麼男子漢？」

柯倫泰的一系列暗示，令充滿男性自尊和紳士風度的挪威商人，不得不接受她的低價。柯倫泰從心理上戰勝了挪威商人，贏得了這場談判，輕描淡寫的一兩句話，就教人舉手投降。

# 說服，需要事實做輔助

要想說服對方，必須拿出充足的理論依據。提供切實的材料，比費盡唇舌的勸說更有力。

溝通本領好壞、說服力高低，影響著與客戶交易的成與敗。想要使客戶認同自己的觀點、接受自己的商品，說服力將產生極大的作用。爲了更好、更完善地與客戶交流，必須掌握說服他人的技巧，使自己的說服力進一步增強。

很多人都忽略了一個道理：一個人的說服力高低，並不單單受到嘴上功夫控制，也會爲其他方面的因素影響。

以下幾點，是有效增強說服力的重要因素：

● 良好的儀表

美國心理學家塞克曾做過一個實驗，召集了六十名志願者，吩咐他們每人跟三位行人談話，請求他們支持一個發起反對校內早餐供應肉食運動的團體。

行動之前，研究人員對每位志願者的各種情況，諸如外表是否漂亮、口齒是否伶俐、能否令人信賴、能否說服人以及智力高低……等等，都做了詳細的統計與歸類。實驗結果發現，在相同條件下，儀表良好的人一般比不注重儀表的人更容易成功。

這項實驗，清楚突顯了儀表可能產生的重要作用。所以在與客戶交往時，一定要注意自身儀表是否整潔。

● 同意對方的意見

心理學家透過多項研究，發現一個事實：要改變別人的意見，勸說者首先必須站在對方那一邊，取得信賴，促使雙方的關係融洽。達到這項目標以後，勸說的話便可以很快地產生作用，使對方接受。

爲什麼呢？這是因爲人都有一個共同的天性，希望得到別人的認可，並且對贊同自己的人抱持友善態度。

## •說服時有理有據

不管在什麼樣的情況下，要想說服對方，都必須拿出充足的理論依據。向對方提供切實的材料，比費盡唇舌的勸說更有力，特別是對於一個猶豫不決的人，道理與數據勝過一切。

## •以事實說服對方

想要使人信服，以實例證明要比空洞的論述有效得多。

例如，有一位病人非常抗拒服藥，醫生爲此費盡唇舌勸說他服用某種藥物，並告訴他這種藥物如何有效、如何神奇，舉出許多理論，可是這位病人仍不見得馬上就會相信。與其如此，不如直接告訴他，另一位症狀相同的病人服用這種藥物後，康復極快、效果奇佳，那麼很容易就能說服這位病人了。

# 走對路，成功說服客戶

在與客戶溝通時，先找到雙方的共鳴之處，以此為溝通點，進行下一步的交流，比較容易達成共識。

一般來說，說服客戶要比說服其他人更難，因爲與客戶之間必定存在著利益與金錢的關係，因此，雙方都會比較愼重。

要想有效說服客戶，必須按照一定的原則進行。

**●說服之前，先瞭解對方**

「知己知彼，百戰不殆」，適用於戰場，也適用於商場。說服客戶之前，必須盡最大可能去瞭解對方的一些情況，這樣才能有針對性地進行說服。

瞭解對方時，要注意以下幾點：

第一、看性格。

不同性格的人，接受他人意見的方式不一樣。瞭解對方的性格，就可以根據以選擇出最合適的說服方式。

第二、瞭解對方的特長。

一個人總是對自己的長處感到自豪，想要說服他人，可以將對方的長處當作切入點，拉近彼此的距離，讓說服工作進行得更容易。

第三，摸清對方的喜好。

有人愛下棋、有人愛釣魚、有人愛畫畫、有人愛唱歌，總之人人都有自己的愛好。若能先從對方的喜好入手，再進行說服，較容易達到目的。有些人不能說服對方，是因為事前沒有充分瞭解，無法運用適當的說服方式，自然就不會得到理想的結果。

所以說，在說服之前，一定要充分瞭解對手與狀況，再針對性地採取相應的說服方式。

**●要耐住性子**

如果你的觀點是對的，卻無法和對方達成共識，如此情況下，就該稍微緩一緩，不要操之過急。

人的觀點不是一兩天可以形成的，要改變也絕非一日之功。這時候就需要耐住性子，表現出不達目的不罷休的毅力。

掌握一定原則以後，進一步來看，想成功地說服客戶，需要運用有效的策略。一般說來，有以下幾項：

**●以情感人**

人是感情的動物，往往以此主宰自己的行爲。

說服客戶時，不妨先從感情方面入手，儘量營造出一種平和、熱情、誠懇的氣氛，使雙方能得到感情上的交流。

● **以退為進**

心理學上有個名詞叫「自己人效應」，意思是說與人接觸，要取得人家的信任，就應該先讓對方認可你是「自己人」，如此方能消除陌生感，製造順利溝通的有利因素。

● **尋找溝通點**

與客戶溝通時，先找到雙方的共鳴之處，以此爲溝通點，進行下一步的交流，比較容易達成共識。共同的愛好、興趣、性格、情感、方向、理想、行業、工作等，都是很好的溝通點。

● **步步引誘**

美國的門羅教授曾發明一種激發動機的說服法，程序如下：

1. 引起對方的注意。

2.明確對方的意圖，把說服話題引到自己的問題上。

3.告訴對方怎麼解決，指出具體的辦法。

4.預測不同的兩種結果。

5.說明應該採取的行動。

在說服的過程中，要儘量站在對方的立場上看問題，直到說服對方為止。與客戶溝通，在遵循原則的前提下進行說服，相信會有出乎意料的好收穫。

# PART 7.

# 笑臉迎人，勝算更多好幾分

溝通中如果少了微笑，言語將顯得黯然無味，
倘若少了和氣，交流也無法進行下去。

# 氣氛越輕鬆，你越容易成功

與人溝通的一大竅門，就在於找出彼此都感興趣的話題，將距離拉近，如此將有效消除雙方的陌生感，活絡談話氣氛。

要靠做生意賺錢，就免不了得與客戶打交道、進行交流，否則無從獲利。既然彼此間有利益關係存在，更需要注意交流的方式。

初次見面，應給對方留下一個良好的印象。自我介紹時的言語尤其需要注意，必須審慎斟酌，力求做到適合本人的身份，不過度自我炫耀，也不自我貶低。與客戶溝通，應注意以下事項：

• 表達力求簡明扼要

與客戶交流時，應力求語言簡明扼要，能準確抓住重點，使對方有興趣和耐心繼續聆聽。除了語言簡明，說話得體也很重要，因爲不得體的語言容易造成尷尬的局面，甚至傷人自尊。

爲了與客戶順利進行交流，一定要注意自己的語言表達方式。

•製造輕鬆和諧的談話氛圍

與客戶交流時，由於雙方關係可能存在對立或不夠熟悉，容易使談話陷入僵局。爲了有效避免這種狀況出現，應當儘量製造輕鬆、和諧的談話氛圍。

事實上，雙方必定都希望能在輕鬆自如的氛圍下進行交流，可是，很多時候卻由於找不到共同的話題，無法打破僵局。

這時候，大可以拋開主題，另尋一些有趣的話題，如此既活躍了談話氣氛，又淡化了彼此的陌生感。發生在自己身邊的一些小事物就是非常好的討論話題，越是與日常生活相關，越能引起共鳴，進而達到心靈上的溝通。

第一次世界大戰時，美國女權主義者南茜拜訪了英國首相邱吉爾。邱吉爾熱情地接待了她，但由於彼此相當陌生，一開始不知說些什麼好，氣氛自然顯得有些沉悶、尷尬。

邱吉爾畢竟是老到的政治家，為了打破僵局，於是開始說起一些家常趣事。他說：「一次，我和妻子吵架，她兩天不與我說話，後來我實在憋不住了，就對她說：『你這樣對我，不如乾脆點，直接往我的咖啡裡放點毒藥！』」

南茜出神地聽著，被邱吉爾的描述吸引了注意力。

邱吉爾接著又說：「她聽我這麼說，頓時覺得自己的做法有點過分，因為我的過錯畢竟沒那麼嚴重，不至於到要喝下有毒咖啡的地步哪！」

說完，兩人都笑了，氣氛得到明顯的和緩。

與人溝通的一大竅門，就在於找出彼此都感興趣的話題，將距離拉近，如此將有效消除雙方的陌生感，活絡談話氣氛，提高溝通成功的可能性。

# 利益來自與客戶的良好關係

商場上的客戶是很特殊的交往對象，不同於朋友、同事，因此在溝通時，必須時刻注意自己的身份，說話、做事掌握好尺度。

與客戶交流時，雖然要把握一定的原則，但也不必一副凡事公事公辦、說一不二的樣子，否則必定不利於雙方溝通。

商場局勢變化難測，因此聰明的生意人會更注重確保自己與客戶間的順暢溝通，畢竟能讓彼此的關係穩定發展，對生意經營本身有益無害。

與客戶互動過程中，以下幾點必須注意：

- 不要過分恭維

缺乏誠心、千篇一律的客氣話，必定會招致反感。

不愛聽恭維話的人自然不買帳，至於聽慣了的人，同樣不當作一回事，因為他們早已聽膩了那些不夠誠懇的奉承，根本不會因此增加對說話者的好感。

- **巧用幽默破解僵局**

與客戶交流時，難免意見不合，發生分歧，如果雙方都堅持自己的原則，很容易導致僵局出現。

碰上這種情況，不妨暫時轉移焦點，說個笑話，或者來段幽默故事，緩和一下緊張的氣氛。

事實上，就客戶自身而言，也不願意見到僵局發生，因此絕大多數也願意見好就收，不會無理取鬧、窮追猛打。所以，不妨用幽默當潤滑劑，然後再進行之後的溝通。

- **保持風度與穩重態度**

交往過程中，你的言談舉止能透露出自身的涵養與素質、知識程度以及品格情操。所以，與客戶溝通時，要特別注意塑造形象，儘量表現得有風度且穩重，以增加客戶對你的好感。

● 不忘自己的身份

商場上的客戶是很特殊的交往對象，不同於朋友、同事，因此在溝通時必須時刻注意自己的身份，說話、做事掌握好尺度，絕對不可任意妄爲。

身在商場，與客戶溝通成功與否，將直接影響到自己的事業發展。

掌握說話辦事訣竅的人，通常比較成功。聰明且有至於發展的生意人，有必要多動腦筋，透過與客戶建立良好關係，掌握與客戶溝通的最佳方式與原則，進而更好地達到溝通目的，獲致成功。

# 如何才能使對方改變強硬的主張？

當對方提出強硬主張時，不必立即表示拒絕或苟同，要將目光放在對方立場背後的利益上，找出原則依據，然後考慮如何使對方自行改變策略。

說話辦事一定要講究策略，才能提昇自己的競爭力。想在人性戰場上勝出，想要左右別人的決定，「攻心」絕對是必須具備的智慧，如果你不懂得使些心術，不懂得玩些心機，那麼永遠都只是現實社會中的輸家。

一九七〇年，一位美國律師，獲准與埃及總統納賽爾研討有關阿拉伯國家與以色列的衝突問題。

律師問：「總統先生希望梅爾夫人採取什麼樣的行動呢？」

「撤退！」納賽爾總統答得斬釘截鐵，沒有迴旋餘地。

律師又問：「要她撤退？」

「是的，從阿拉伯領土上完全退出。」納賽爾總統的立場仍然如鋼鐵般堅定，絲毫不見鬆動。

律師進一步問道：「可是，你並沒有給對方什麼代價，卻要她完全退出，這樣的要求行得通嗎？」

納賽爾總統搬出強硬的理由：「當然，因為那是我們的領土，以色列原本就應該無條件歸還。」

「如果明天梅爾夫人在以色列媒體面前宣佈：『我代表所有以色列人宣佈，我國將從一九六七年以來所佔領的土地，包括西奈半島、迦薩走廊和戈蘭高地全部撤退，儘管我們沒有得到阿拉伯國家的任何讓步』，那麼，情況會變成怎樣？」

律師針對納賽爾的固執，搬出超乎現實的假設，尋求他的看法。

納賽爾不禁大笑起來，說：「如果她真這樣說，第二天就得下台！」

納賽爾總統透過與這位美國律師的談論，隨即意識到自己堅持的立場不夠實際而必須加以調整，終於為日後促成埃及接受中東停戰協定的簽訂，預鋪了道路。

這位美國律師之所以能讓以強悍聞名的納賽爾總統接受自己的觀點，是他巧妙的運用了柔性應付手法，避免與對方直接衝突。

當對方提出自己的強硬主張時，不必立即表示拒絕或苟同，只把它做為一種條件，要將目光放在對方立場背後的利益上，找出其原則依據，然後考慮如何使對方自行改變策略。

這個策略讓納賽爾總統設想梅爾夫人的處境，促使他瞭解對方的心態。

說服的方法很多，不可拘泥於形式，必須根據特定事態、特定環境、特定人物，選擇特定的說服方式。

# 笑臉迎人，勝算更多好幾分

溝通之時如果少了微笑，言語將顯得黯然無味，倘若少了和氣，交流也無法進行下去。

想要有效溝通，首先應試著用笑臉去面對合作夥伴、對手，如此一來，即便處於不利地位，也能夠扭轉乾坤。

有人天生脾氣好，走到哪裡都能笑臉迎人，與人溝通、交往的過程中，多半能佔便宜。由此可以知道，學會笑臉迎人，是一種難得且富智慧的謀略。

富蘭克林．貝特格是全美最知名的保險推銷員之一，他說自己在許多年前就發現了一個道理：面帶微笑的人永遠受歡迎。所以，在進入別人的屋子之前，他總會停留片刻，想想高興的事情，讓臉上自然而然展現出開朗、由衷而熱情的微笑，然後才推門進去。

千萬不要小看了微笑在溝通過程中可能產生的效用。用輕鬆愉悅的心情與滿腹牢騷的人交談，一面微笑、一面恭聽，你會發現過去感到討厭的傢伙，全變成了和善的人，曾經相當棘手的問題，現在全變得容易解決了。

毫無疑問，微笑帶來了更大的方便、更多的收入。你會發現，以前的自己很難與別人相處，可現在完全相反，因爲你學會了讚美、賞識他人，從別人的觀點看事物。一個不擅長微笑的人，在生活中將處處感到艱難。即便臉上生來沒有微笑，也要練習在聲音或表情中加進微笑。

想要讓自己更受歡迎，你得做到下面這幾點：

- 不想笑的時候也要笑

或許，你認爲太難了，明明不高興，爲什麼還要微笑？但事實上，這就是最好的溝通方法。無論心事多麼沉重、多麼哀傷憂鬱，與外界溝通時，還是應該將負面

情緒收起，不要因爲自己的憂鬱影響他人。

把煩惱留給自己，讓別人相信你現在非常愉快，在溝通中，即使你不想笑，仍要儘量保持微笑。主動表露出高興情緒，人們也會跟著你笑。與別人分享自己的快樂，將能使大家臉上都帶著微笑。

• 用你的整個臉去微笑

必須明白，一個美麗的微笑並不單屬於嘴唇而已，同時需要眼睛的閃爍、鼻子的皺紋和面頰的收縮構成。

一個成功的微笑，範圍包括了整張臉。

• 運用你的幽默感

任何人都有幽默感，認爲自己不懂幽默的人，不過是把它深藏在無人知道的角落裡。跟別人在一起時，可以說說笑話，那樣有助於提升幽默感。

但是，說的笑話必須慎選，萬萬不可是低級的笑話，或是尋別人開心的惡作劇，否則很有可能達到反效果。

微笑具有魅力，發自肺腑的大笑同樣能使人深受吸引。

或許你也有過同樣的經驗，在電影院看電影時，會因爲聽見某位觀衆哈哈大笑，便跟著笑起來。這就是「笑」的魅力的最好證明。

• 大聲地笑出來

上面所說的種種，都是練習微笑的好方法。

如果你是一個害羞的人，在別人面前無法自由自在地發笑，那麼，再告訴你一個小秘訣——對著鏡子，練習對自己微笑，等到臉上能泛起了眞正的笑容，不感到彆扭後，再於人們面前呈現。

溝通之時如果少了微笑，言語將顯得黯然無味，倘若少了和氣，交流也無法進行下去。將微笑與和氣融於溝通當中，就等於爲說話辦事添加籌碼，爲獲利種下希望的種子，產生極大幫助。

# 掌握對手情況是取勝妙方

想要在談判中取得勝利，必須做好的兩項工作，就是過程中的溝通，以及事先的材料蒐集。

兵家有云：「知己知彼，方能百戰不殆。」

在當今這個商場如戰場的時代，在溝通中掌握對方的確切情況，再加上運用說話辦事技巧，何愁不能藉言談取勝？

接下來，讓我們來認識一下如何「談判」。

各行各業都有一定的規範準則，談判中的溝通當然也不例外。做好事先準備後，便該遵守以下幾項重要原則：

• 語言得體

得體的語言能使談判順利進行，同時也體現出談判者的風度、涵養，以及所代表公司的完美形象，在對方心中留下良好印象。

• 真誠守信

眞誠守信是商務談判中的一大準則，即便在語言激烈交鋒時，仍要謹記以事實爲基礎，以信譽爲準繩，據「理」力爭。

• 平等互利

雖然談判參與雙方所處的位置爲對立的，也有可能在某些方面上有明顯的強弱差異，但在談判桌上，仍應擁有平等、相當的權益，並得到尊重。

優越的一方沒有必要在言語上打壓弱勢的一方，否則必將阻礙溝通，影響談判的進度和效果。

以上三點是溝通中的重要原則，而在透徹掌握之後，還要做好事前的準備工作，因爲它將決定談判的成敗。

能不能在溝通中掌握充足的資料，取得主導權，要看說話的方式、方法，這不僅關係到己方所做決策的正確性，還關係到在談判桌上能否佔一定優勢，不被對手壓制。

想要在談判中取得勝利，必須做好的兩項工作，就是過程中的溝通，以及事先的材料蒐集。

商場交鋒展開之前，率先瞭解對手情況，做到知己知彼，從而掌握市場走向，取得溝通優勢，就能在談判過程中佔較大贏面，獲取巨大效益。

溝通，在人際交往中扮演著「潤滑劑」的角色。

試想，假若人際交往過程中，少了「潤滑劑」，將會發生什麼樣的狀況呢？毫無疑問，行事將會碰到重重阻隔。給彼此留點空間，讓言語充分發揮溝通的效力，摩擦、阻隔才會相對減少。

# 加點「潤滑劑」，交往更容易

多給溝通留點空間、多學習溝通技巧是必要的。應儘可能地讓它充分發揮「潤滑」作用，為獲得雙贏種下希望之果。

人際交往過程中，常有很多自作聰明的人，只想騎在別人的頭上，一副「唯我獨尊」的架勢，卻不知道這其實是最笨的做法，因爲免不了傷害別人的自尊心，結果當然也就不言而喻了。

在商場談判中，總會出現一些僵持場面，究其原因，往往由於雙方不能達成共識，但是又都不肯退讓一步，以至於完全沒有了溝通餘地。

這實在非常可惜，倘若彼此都能讓一下，坐下來，心平氣和地以溝通爲目的展開對話，仍有極大可能達成共識。

如果在交往最初就能注意到這一點，收斂自己的鋒芒，使語言更顯謙恭，往往能奠定好的開始，爲接下來的交流營造出較愉快的氣氛，促進彼此之間共識的達成。如此，對雙方來說，既達到了目的，又增進了友誼，一舉兩得。應特別注意一點：若是意識到此次談判一定會有一番激烈討論，更應懂得迎合對手、使氣氛和緩的技巧，因爲它將有效促使達到雙贏。

在商機無限的現代商場上，有無數的合作夥伴可以選擇，關鍵在於你如何說服他人與自己合作。這種時候，只要能夠說出一句眞正打動對方的話，就可能得到一次賺錢的機會。

與人交流溝通的最大忌諱，就是過於自我。若總是一句話便將別人的好意或提案嗆回去，總是覺得只有自己的想法最好，只想將自己偉大的一面展露在別人面前，不給別人表現的機會，等同於不懂溝通，必然將招致失敗。

創造機會的一個好方法，在於使對方於交談過程中多說「是」，雖然乍聽好像不容易做到，可一旦達成，效果必定相當好。

舉個例子來說，如果這次談判是為了使合作方案達成一致，你就應先開誠佈公地向對方表明自己的意向、合作目的，然後再繼續進行溝通。這樣一來，一方面表現了己方的誠意，另一方面，使對方覺得你和他們之間存在著很多共同的利益，雙贏便勢在必得。

在商場上打滾討生活，免不了要要求自己做到八面玲瓏，但要做到這點，必定離不開良好的溝通。

溝通是打開相互瞭解之門的鑰匙，更是結交朋友、擴大人脈網的前提。不懂溝通，就要學習溝通；沒機會展開溝通，則要主動爭取甚至創造機會。

溝通可以促成談判成功，也可能使交易失敗，所以，多給溝通留點空間、多學習溝通技巧是必要的。應盡可能地讓它充分發揮「潤滑」作用，為獲得雙贏種下希望之果。

# 在商務溝通中爭取成功

如果你能確切掌握某一特定領域內的所有情況，而你本身又是一個十分注重細節的人，說服力便可能比任何人都高。

隨著商業活動越發頻繁複雜，面對面談判的機會自然增加。商務談判既是雙方實力的較量，也是一場鬥智鬥勇的對決，是成是敗，足以產生極重要的影響，因此，任一方都不該輕易小覷談判的重要性。

如何才能在商務談判中獲取最大效益，其實有章可循，首要就在創造對自身有利的因素。

## ● 選擇最佳談判人選

絕大多數商務談判都需要多人一起參加，因爲如果單獨一人參加，力量往往不夠。參與者的挑選，要根據談判的重要性、困難程度以及時間長短來決定。挑出的談判人選是否適當，對談判結果的好壞，往往有十分重大的影響，有更足以決定成敗。每次談判時，人員的選擇都要根據具體情況進行分析，如環境、談判的方法和條件等，必須愼重地加以考慮。

團體談判有獨特的功能目的，需要團體中的成員能夠履行計劃和目標。進退有度的團體談判領導者，會利用成員作爲讓步或拒絕讓步的藉口，如：「我要問問其他人的看法。」

談判的首腦應該盡可能地發揮每名成員的長處，知道如何在談判過程中利用團體裡每個人不同的專業背景與知識，並將準確的資訊及時提供給他們，讓他們做出最好的建議或決定。

**● 選擇對自身有利的場地**

談判場地的選擇，也要根據情況進行具體分析。

一般來說，談判場地可以設在任何一方的辦公室裡，但是大多數人還是習慣在自己的地盤談判，因為感覺比較踏實。

若對方被邀請到你的地盤談判，在開始會談之前，可以先藉問候寒暄得知一些資料，掌握對手的某些情況，為接下來談判的展開，做好更充分、更有利於自己的準備。

談判場所的選擇，要盡可能滿足優雅、舒適兩大條件。房間的擺設，如燈光、座位等，都要在考慮之內，例如椅子坐起來應讓人感到舒適，視覺效果要好等等。這雖然都是小細節，卻足以決定談判的成敗。

值得一提的一點，是談判時座位的安排。

大多數人都會習慣性地認為桌子前端的座位象徵著權威，坐在這位子上的人，一般來說講出的話較被人重視。

有的談判方會故意設計場地的擺設，讓對手坐在較低、較不利的座位，因為在談話過程中，低座位者不得不仰視高座位的人，這樣一來，在氣勢上就已輸給了對手，坐高位者自然而然在氣勢上贏得了初步的勝利。

假如談判的地點設在對手的辦公室，出現以上的情況可能會不利於你，這種時候，「以毒攻毒」不失為一個好辦法——直接坐到對手的位子上。直接表示自己的不滿，可以迫使對方重新安排位置，擺脫不利局勢。

### ●在議程中增加有利於自身因素

談判的議程由哪一方來確定，實際上都各有利弊。

議程由己方來定，讓對方接受的好處，在於可使對方處於不得不被動自衛的劣勢中，還可以進一步利用議程排序，製造出種種對自己有利的條件。

擬定議程時，千萬不可流於形式。不成熟的議程只是印好的表格、契約或租約，沒有眞正的意義。合格的議程應該提出需要討論的各種問題，問題的提出順序，則該由小到大，依次排列。這樣，就可以避免實際談判中的無謂浪費，把更多的時間留給更重大的問題。

另外，議程中的時間安排也需要注意。談判的時間和舉行地點同樣重要，一天中哪些時段，個人處於最佳狀況，何時處於最低潮，都有一定的規律性。

外部因素必須處理好，談判者的素質也需要重視。

每個人都可能有適合參與談判的潛能，關鍵在於如何加以挖掘並利用。以下是談判人員必須具備的能力：

・較強的語言表達力

有些人的語言表達能力非常強，這就是他們最大優點，能夠清楚、簡練地表達內心的想法，使事情易於被人理解。由這樣的人參與談判，結果自然會比他們的預想來得更成功。

但是，也有些人會採用另一種溝通策略，把含混不清的說話方式作爲一種談判手段，用模糊不清的語言迷惑談判對手，進而使自己佔據有利地位。

・細心

談判過程中的問題有主次之分，事實上，造成僵局的通常是次要問題。若只關注主要問題而忽略了次要問題，便極有可能致使雙方溝通不良、談判停滯不前。因此，必須細心留意所有情況。

・耐心

耐心在談判過程中是極其重要的，甚至能轉劣勢爲優勢，而缺乏耐心則可能導致談判失敗。

・不忽視細節

談判中，最具說服力者，就是注重細節的人。

如果你能確切掌握某一特定領域內的所有情況，而你本身又是一個十分注重細節的人，說服力便可能比任何人都高。

在合適的情況下，挑選合適的人進行商務談判，理所當然能夠達到的溝通效果最好，成功的機率也最高。

# 投桃報李，建立良好互動關係

人是感情的動物，抱持「投之以桃，報之以李」的態度與人溝通交往，收效將超乎想像。

正如人與人的溝通很難永遠順暢，商務談判也不可能每一回都順利地達成協議，因爲參與雙方都在密切觀察對方，尋求談話漏洞的蛛絲馬跡，以便取得更多的利益。

由於出發點都在確保自己的利益，談判參與雙方常常會有僵持不下的情形發生，使溝通無法順利繼續。想要使談判變得順利，建立良好溝通模式是必須的。良好溝通模式可以促使雙方以更快的速度完成協定，並且找出對彼此眞正有益的方式，不浪費太多時間在談判桌上。

在談判場合建立良好溝通模式，有以下兩種方法：

• 變敵對為合作關係

能把溝通建立在雙方合作的基礎上，談判自然會朝著對彼此都有利的方向前進。因此，談判展開之前，最好先要找出彼此的共同利益，然後努力促成雙贏，使氣氛融洽。

• 投之以桃，報之以李

在談判過程中，運用投桃報李的方法，主動釋出善意，對建立良好的談判關係有很大幫助。

在不過分損失己身權益的情況下，滿足對方感興趣的事情，將能促使感激心理產生，爲雙方的溝通建立好的開始，使關係得以往良性方向發展。

在談判桌上，採取與對手針鋒相對、據理力爭策略同時，關心別人、體諒別人、設身處地站在他人立場著想的心態也不可完全忽略，因爲這種溝通方法往往更

有利於談判。人是感情的動物，抱持「投之以桃，報之以李」的態度與人溝通交往，收效將超乎想像。

千萬不要只把談判對手當成敵人，應放下敵意，試著與對方建立良好的互動關係，以求既順利且迅速地達成協議。

更進一步來看，建立良好關係同時，若期望有效戰勝談判對手，可以從以下兩個方向著手：

• 談判展開前，先威懾住對手

相信任何人都知道，好的開始是成功的一半，但也明白另一個道理，就是「萬事起頭難」。

開個好頭，對談判來說尤為重要。談判開始時，每位談判者都要各就其位、各盡其責，針對談判內容展開討論。雖然這個階段在整個過程中只占很小一部分，卻非常重要，因為它將足以決定整場會談的基本方向。

此時，必須採取審愼態度應對，因爲差之毫釐，失之千里。

• 從對方的立場看待問題

談判桌上，參與雙方在每個問題上的立場，基本上都是完全對立，分歧在所難免。而雙方免不了又都會爲各自的利益據理力爭，想盡一切辦法說服對手，使得談判向著有利於自身的方向發展。

這種時候，人們往往會犯下一個同樣的錯誤，就是只顧自己，而不能從對方的立場看待問題。

雖然舉行談判的目的，就在於爭取對自己有利的東西，但若能稍稍在談判桌上爲對方多著想，將能明顯增強自己的說服力，從而掌握談判進行的大方向。

溝通過程中，最有效的「說服」，是讓別人按照你的想法去做，但絕對爲心甘情願的接受，不包含強求、壓迫等因素在內，這一點，值得所有有志於提升言語溝通能力的人牢記。

PART 8.

# 出色的溝通，少不了眞心尊重

每個人都希望自己的特點
和風格能被人接受並得到重視，
都渴望獲得來自他人的尊重和信任，
不願被等閒視之。

# 言談有度，掌握語言的藝術

不卑不亢的說話態度、優雅大方的肢體語言、因時地制宜的表達方式，三者合一，就是語言的藝術。

人際交往溝通，絕對離不開語言。

語言可以將你送上事業的最高點，當然也可以把你打入低谷，決定成敗的關鍵在於你怎麼去說，以及會不會說。

在辦公室裡，要如何與同事溝通交流呢？

## • 發出自己的聲音

老闆眞正欣賞的，不是唯唯諾諾的應聲蟲，而是那些眞正有思考與判斷能力、

具自我見解的員工。

如果你經常對別人的意見持「無所謂」或者「無條件同意」態度，你的光彩必定會被埋沒。

眞正有企圖、有幹勁的人，不管身處的職位高或低，都會盡可能讓別人聽到自己的聲音，大膽地說出自己的意見，不管是否被採納。

● **語言要溫和**

在辦公室裡與人說話，態度要保持溫和謙恭，讓人覺得有親切感。動輒開口嗆人、損人絕對是大忌，也不要隨便用命令式的口吻與人交談。

說話時用手指指著對方，會讓人感覺受到侮辱，是一種相當不禮貌的行爲，應該時時提醒自己。此外，在大家的意見不統一時，也不要自以爲是地強迫別人聽從自己。除非是事關重大的原則性問題，否則沒有必要和同事爭得面紅耳赤、你死我活。

確實有些人天生口才就很好，但也要用在正確的地方，才能發揮作用。如果你要想展現自己，可以將說話本領發揮在商業談判上，千萬不要在辦公室裡逞一時之快，否則必會於同事心中留下不好的印象，使他們對你敬而遠之，久而久之，淪爲不受歡迎的人。

### ●適度收斂自己的鋒芒

倘若你的能力極高，或者正好是老闆眼中的大紅人，會不會因此得意洋洋地四處炫耀自己？

切記一點：驕傲使人落後，謙虛使人進步，無論能力多強，仍要謙虛謹愼。「人外有人，天外有天」是絕對的定理，強中自有強中手，平時若不懂得謙虛待人，收斂鋒芒，必定會在吃癟時成爲別人的笑料。

無論多麼受老闆重用，你都不能在辦公室裡炫耀，因爲在得到表面上的恭喜同時，實際上，同事們正在內心深處嫉恨著你。

### ●私事留待下班後

總有這樣一些人，藏不住話、性子又直、喜歡向別人傾吐苦水。這樣雖然能很快拉近彼此間的距離，獲得友誼，但心理學家調查研究證明，事實上，只有一%的人能夠真正對秘密守口如瓶。

因此，當你的生活出現危機，諸如失戀、婚變等，不要在辦公室裡隨便向人傾訴，特別是工作上的怨言與困擾，更不該輕易吐露給讓身邊的同事知道。

聰明、懂得拿捏溝通尺度的人，不會犯這樣的錯誤。他們必定會儘量避免在工作場所議論是非，真的要想傾訴心事，也會寧可於下班後找幾個真正可信賴的知心朋友，找個隱密的環境，好好聊聊。

說話要分場合，講究分寸和方式方法，最關鍵是要「得體」。

不卑不亢的說話態度、優雅大方的肢體語言、因時地制宜的表達方式，三者合一，就是語言的藝術。掌握這種語言藝術，將能夠使你更自信、嫻熟地與人溝通，從而在任何領域上獲得成功。

# 出色的溝通，少不了真心尊重

每個人都希望自己的特點和風格能被人接受並得到重視，都渴望獲得來自他人的尊重和信任，不願被等閒視之。

與客戶溝通一定要掌握適切標準，不該說的別說，不該做的別做。無論如何必須牢記一點：客戶不是你的朋友，也不是同事，因此在尺度的拿捏上更需要注意。一般說來，與客戶溝通時，要注意以下幾方面：

● **注意交談的內容與方式**

與客戶交談，一定要注意對話內容與方式，為了便於溝通，可以在不觸犯隱私的範圍內適當地談點私人話題，或者對他來說比較重要的事情，以求拉近雙方的距

離。

如果不注意與客戶交談的內容與方式，不能把握好應有的分寸，就有可能因為溝通不當導致負面結果。例如，對方與你談及滑雪的技術和他對滑雪的喜愛，就算你本身對此一竅不通，或者根本打從心底討厭下雪和寒冷天氣，也應該表現出禮貌與熱情，專心聆聽。

### ●避免使用尖刻的言語

一對夫婦在一家店裡挑選手錶，選來選去，總是拿不定主意。東挑西選後，倆人好不容易看上一隻手錶，便向店員詢問價格，沒想到店員有些不耐煩了，竟如此回答：「對你們來說，這隻手錶明顯太貴了。有些人就連買一隻幾百元的手錶也要討價還價，但也有些顧客，即便看上的是幾十萬元的手錶，眉頭也不皺一下。你們應該明白，我願意為哪種顧客服務。」

聽完這番話，夫婦倆放下手錶，忿忿地離開了那家表店。

不妨思索一下，這位店員的言語得體嗎？相信答案絕對是否定的。過於尖刻的言語會得罪上門的客戶，將到手的生意推出去，怎麼看都不划算。

## ●表達意見時，充分讓對方理解

有一次，一家美國公司向日本某企業進行推銷。從早上八點開始，美國公司的業務代表詳盡地介紹他們的產品，利用投影機把所需的圖表、圖案、報表打在螢幕上，熱情洋溢地宣傳著。

兩小時後，介紹終於結束，美國代表用充滿期待和自負的目光看著台下的三位日本商人，問道：「你們覺得如何？」

第一位日本人笑了笑，搖了搖頭說：「我沒聽懂。」

第二位日本人也笑了笑，跟著搖了搖頭。

第三位日本人什麼也沒做，只無奈地攤開了雙手。

美國代表大受打擊，面無血色，有氣無力地說：「這是為什麼呢？」

爲什麼近兩個小時熱情洋溢的辛苦介紹，最終毫無效果？

答案其實很簡單，因爲美國人只單方面地按照自己認爲合理的表達方式去做介

紹，並沒有顧慮到對方是否能夠接收並理解，因而導致了「鴨子聽雷」的狀況。所以，在與客戶溝通的時候，一定要確認自己的表達能夠得到對方的充分理解，以確保溝通的效用。

**● 尊重對方**

每個人都渴望受到尊重，在商場上更是如此。

因爲沒能付出應有尊重，導致破壞了溝通的氣氛，相當不值。

爲了確保合作愉快，一定要把你的客戶當作重要人物來對待，讓他們體會到，你確實付出了特別的尊重，更看重彼此的合作。讓他清楚，你時時把他擺在重要位置。如此一來，自尊心得到了滿足，自然樂於再次合作。

不僅只有商場，現實生活中的狀況也是同樣，每個人都希望自己的特點和風格能被人接受並得到重視，都渴望獲得來自他人的尊重和信任，不願被等閒視之。用尊重態度待人，絕大多數溝通難題都能迎刃而解。

# 善用讚美，更添成功機會

與同事溝通時，要能夠恰當地利用讚美增進雙方的感情，這麼做能有效改善工作環境與氣氛，有利於事業的發展。

想要與人展開良好溝通，微笑是必備的基本條件，另外還有一把能有效攻城掠地的武器，就是「讚美」。

當然，讚美有很多種，若是運用不當，非但沒有幫助，還會導致反效果。爲了讓讚美確切打動人心、發揮功效，首先必須先認清讚美的兩大種類。

**‧直接讚美**

顧名思義，直接讚美就是當著對方的面，用明確、具體的語言，直接稱讚對方

的行爲、能力、外表或其他任何優點。

有位非常精明的老闆，極擅長與員工溝通，每天晚上，他都會寫一些話給下屬，獎勵他們的某些優秀表現，例如：「傑克，你的主意很棒！好好幹吧！」「萊瑞，多虧了你今天的優異表現，公司得到一筆大生意，今後也請繼續加油。」因為如此，員工全都心服口服，願意為公司賣命。

另外，針對生活中的小細節進行讚美，也相當有效。比如看見同事買了一件新衣服，你可以說：「這件衣服看起來真不錯，穿上之後，看起來精神真好。」

這樣的直接讚美證據及針對性極強，不會讓人誤解，效果相當好。

**●間接讚美**

不直接挑明，而是運用語言、動作、行爲向對方表示自己的讚賞，比如在聆聽對方談話時不斷地微笑點頭，或者恭敬地向他人請教問題，都是一種間接且含蓄的讚美，可以使對方產生好感。

同事之間，恰如其分的讚美能夠聯絡感情、增進友誼，但一定要以眞心實意、誠懇坦白爲基礎，並注意時機的選擇。

進行讚美時，應該注意以下幾點：

1.讚美的話語不要太誇張，言過其實的「讚美」，往往等同於「拍馬屁」，會讓人心生反感。

2.注意讚美的次數，只讚美真正該讚美的事情。過於頻繁就失去了讚美的意義，顯得浮誇不實。

3.不要在有求於人的時候大肆讚美對方，這只會讓人覺得你的動機不良，從而增加戒心。越是在自己不求對方什麼的時候，越該真心實意地表示讚美，如此效益最大。

4.針對不同的對象，選擇不同的讚美語言。若為同輩，可讚美他的精力、才幹、業績和風度；對於長輩，可以讚美他的健康、經驗、知識和成就；對於女性，可著重於讚美外表和服飾品味等。

與同事溝通時，要能夠恰當地利用讚美增進雙方的感情，這麼做能有效改善工作環境與氣氛，有利於事業的發展。

懂得利用微笑進行溝通的人，人緣必定會逐漸得到改善，並且相對地得到他人的讚許。

眞誠的微笑是善意的信使，可以將自己的眞誠心意傳遞出去。沒有人喜歡幫助那些整天皺著眉頭、愁容滿面的人，更不會信任他們。因此，即便在身負沉重壓力同時，仍要告訴自己面帶微笑，看向世界的美好，善用微笑與讚美，拉近自己與成功的距離。

# 懂得聰明說話，什麼都不怕

為了使自身能力與事業得到順暢發展，與同事溝通交往時，一定要多留個心眼，多方注意。

阿諾德．本奈曾說：「日常生活中發生的衝突糾紛，大都起因於那些令人討厭的聲音、語調，以及不良談吐習慣。」

現實生活中，有些人人緣很好，極受歡迎，但也有些人處處得罪人。究其根源，在於說話方式是否夠聰明。

許多人想透過溝通達到目的，卻往往弄巧成拙、事與願違。遇到這種情況，得先尋找自身原因，看看自己說話時是否注意到了以下幾點：

**・語言婉轉**

人人都有自尊心，差別只在強弱而已。

雖然人的職位有高低之分，但人格絕對是平等的。經常責怪他人，必定會一而再再而三地傷害他人自尊。用責備的口氣糾正別人，即便出發點是善意的，也會讓人感到難以接受。

有些人性格比較直，說話不喜歡轉彎抹角，這雖然不是什麼缺點，卻不好讓人接受。在辦公室與同事溝通尤其應當注意場合，避免說出過於尖銳、讓人下不了台的話，傷害彼此的感情。

**・避免嘮嘮叨叨**

喜歡訴苦的人最容易犯這樣的錯誤，一見到別人，椅子還沒坐熱，就開始向他人哭訴自己的不幸，抱怨命運的不公。

可想而知，這種個性的人，絕對讓人敬而遠之，不願結交。

**• 實事求是**

與同事談話過程中，對自己不知道的事情，要虛心向他人請教，最忌諱不懂裝懂，更不該扮演心理分析學家的角色，對別人的言行胡亂猜測，以顯示自身知識淵博，經驗豐富。

人無完人，不可能事事皆通，能在某個領域得到出色成績就已經是很不簡單的事了。不懂裝懂只會令人生厭，所以應實事求是。

**• 給他人留些空間**

有些人做什麼事都喜歡標新立異，老是彰顯自己，對他人做的任何事情都看不順眼，這種情況非常要不得。

也有些人自認高明，做什麼事都單獨處理，不肯與他人合作，將自己封閉起來。這種態度就是標準的自命清高，同樣不會受到歡迎。

**• 把別人的話聽完**

現實生活中，具強烈表達慾望的人很多，總是不識時務地打斷他人的話，表達自己的看法，不管對方是否願意傾聽。

不妨將心比心想一想，說得興高采烈時被貿然打斷，感覺會好受嗎？毫無疑問，這種人必會為團體排斥。

此外，與同事說話應注意尺度，避免因傷害導致日後的溝通障礙。

把話說得恰到好處，不僅對順利地開展工作很有好處，也能為辦公室營造出良好的工作氛圍。

## ●不要於背後議論他人

小李在一家公司擔任業務員，平時最愛在背後說別人的閒話。

一天，一位新來的業務員和他一起出去辦事。

回程途中，小李和這名新人聊起公司內部的閒話，說這項措施不好、那項也不怎麼樣，同事們有什麼樣的缺點，主管又有哪些討人厭的毛病，把全公司上下都批評了一頓。

第二天，小李一到公司就被主管找去，狠狠批了一頓，原因不言而喻。昨天所說的那些批評的話全都傳到了同事和主管的耳朵裡去，讓小李差點落得被公司解雇的下場。

當你在某位同事面前議論其他同事的短處，並要為你保密，對方即便嘴上滿口答應，心裡也一定會想：「你今天會在我面前議論別人，改天一定也會在別人面前議論我。」於是產生防範心理。

千萬要記住，不要在背後說他人是非，因為這是人際相處明哲保身的最大忌諱，不僅傷害他人，也會給自己添麻煩。

## ●正視自己的錯誤

若在工作中犯了錯誤，你可能會為自己辯解，找出一堆理由。即使這些理由全是真的，你也為解釋浪費了大量的精力，會得到什麼樣的結果？能得到他人的同情或者理解嗎？

很遺憾，恐怕都不可能。

與其如此，還不如默默尋找原因與解決的對策，積累經驗，重新開始，以最好的成績來取代解釋，讓人們打從內心欽佩。

同理，若你在無意間傷害到同事，與其刻意去解釋，不如眞誠地道歉。極力爲自己找藉口不是聰明的行爲，往往只會越描越黑。

誰都難免因爲一時疏忽而犯錯，既然難以完全避免犯錯，眞正重要的就是對待錯誤的態度。

大家同處在一個工作環境中，磕磕碰碰在所難免，關鍵在於如何讓溝通發揮功效，及時應對處理。

無法處理好與同事的人際關係，必會影響到工作的正常進行以及事業的發展。爲了使自身能力與事業得到順暢發展，與同事溝通交往時，一定要多留個心眼，多方注意。

# 溝通方式，因「個性」制宜

只要你認真摸清每個同事的性格和習慣，擺正心態，真誠地與對方進行交流、溝通，解決各種難題就不會是問題。

每個人都有不同的性格、愛好、興趣，因此在溝通時必須注意這一點：針對不同性格的人，要以用不同的方法進行溝通。方法運用得當，自然溝通順暢，如果方法不當，定會引起人的反感，使結果適得其反。

與不同類型的同事溝通，應該採用不同的方法，嘗試去適應對方，而非讓對方來適應你。

以下，提供與幾種不同性格同事溝通的好方法：

### •性格比較刻板的同事

有些人性格比較刻板，常常是一副冷面孔，無論多熱情地和他打招呼，他都是一副冷冰冰的樣子，令人不敢接近。

這種性格刻板的人，興趣和愛好比較單一，不愛和別人往來。其實，這些人也有自己追求的目標，不過不輕易說出來罷了。

與這類人打交道，非但不能被他的冷若冰霜嚇跑，還要用熱情加以感化，並且認眞觀察，尋找出他感興趣的問題和比較關心的事，作爲展開交流的媒介。如此，相信他的死板性格將會慢慢被融化。

### •傲慢自大的同事

平常接觸到的同事中，多多少少會有一些表現傲慢者。

與這種人打交道，的確使人頭疼，但往往基於工作上的需要，又不得不和他接觸，這時，不妨採取以下方法：交談時儘量做到言簡意賅、乾脆俐落，不給對方擺架子的機會；其次，抓住他的薄弱環節，進行適當的「攻擊」，滅滅他的威風與銳氣。

## ●沉默寡言的同事

和沉默寡言的同事溝通，也是件比較費力的事。這樣的同事會使人感到一股沉悶的壓力，讓你沒辦法接近、瞭解他，更無從得知對方對自己是否有好感。

對於這類同事，不妨採取直接了當的方式進行交流，儘量避免迂迴式談話，讓他明白簡要地表示「行」或是「不行」、「是」或是「不是」就可以了。

## ●爭強好勝的同事

爭強好勝的人狂妄自大、喜愛自我炫耀，凡事都想顯現出高人一等的姿態，自我表現慾強烈，期望自己什麼都比別人強。

面對這種人，就算內心深處有意見，爲了顧全大局，仍該適當謙讓。但是必須注意一點：如果他把你的遷就忍讓當作是軟弱，變本加厲，更加不表尊重，你就該

給予適當反擊，讓他受點教訓。

**●比較固執的同事**

固執己見的人往往難以說服，無論別人說什麼，他都聽不進去。和這樣的人打交道，非但累人且浪費時間，往往徒勞無功。

所以，不得不與固執己見的人溝通時，要懂得適可而止，實在談不攏，就不必耗時費力了。

**●急性子同事**

性情急躁的人，辦事比較果斷、草率，因此容易對事物產生錯覺和誤解，導致疏失產生。

遇到性情急躁的人，最好能將事情的順序辨明，按部就班解決，不要把問題一次性地全拋出去，以免除不必要的麻煩。

## • 慢郎中同事

有急性子，自然就有慢郎中。

與慢郎中同事交往，需要有耐心，即使他的步調總是無法跟上你的進度，你也必須按捺住性子，儘量配合。

在一個公司裡，會遇見不同類型的同事，爲了工作順暢，免不了得與他們交流、溝通，建立起一定的關係。不要把這當作困難的事情，只要你認眞摸清每個同事的性格和習慣，做到心中有數，擺正心態，眞誠地與對方進行交流、溝通，解決各種難題就不會是問題。

# 電話言語是衡量個人修養的尺標

用電話通話時，由於只靠聲音溝通，看不到對方的表情與手勢，所以彼此很容易產生誤會，也因為這樣，溝通技巧就顯得更加重要。

使用電話談話時，必須完全依靠聲音傳達意思，因此要想讓客戶或部屬在電話中對自己留下良好的印象，就一定要把握說話的技巧。

首先，講電話時音量要適中。電話是對著一個人的耳朵講話，不是對整個禮堂說話，因此，用適當的音量講話即可，不必大聲嚷嚷，但聲音一定要清晰、有力。

接過話筒後，一個打招呼的「喂」字，就能傳遞出很多資訊，它能說明說話者的心情，若是聲音隨意、輕鬆，說明他正處於空閒狀態。

同時，如果說話時帶著微笑，電話也會傳遞出微笑。電話聲音能顯露說話者的表情與態度，若說話態度越友善，聲音聽起來就越親切。

打電話前，要先整理好思緒，這樣可以使談話內容更加精練，並且能給人井然有序的印象。

通電話時，由於沒有身體及手勢的輔助，要確定得到的資訊是否正確將完全靠聽力。爲了避免一知半解、遺漏資訊，聽電話之前要先準備筆和筆記本，以便隨時記錄要點。聽的時候不光要聽對方說，還要注意他的說法，從對方的聲音中也可以獲取許多資訊。

會議正在進行時有電話打來，接電話的人常會不注意地說：「他正在開會，請你待會兒再打。」接著不等對方回話，就掛斷電話。

對方滿懷信心或焦急地打電話來，卻遭到如此冷落，肯定難以忍受。輕則會對公司留下壞印象，重則可能從此斷絕往來。

當客戶打電話進來時，應該回答說：「對不起，他正在開會，我可以替您轉達

嗎？」或是說：「您有什麼事嗎？可不可以直接對我說？」

儘管很有禮貌地回應客戶，但對方由於未能與要找的人直接通電話，總是不大放心，這時應主動報上自己的職稱，以示負責轉達的心意。如此，對方必會留下服務態度良好的印象。

此外，如接電話的人忘了轉達主管人員必須回電的電話，讓客戶等了很久，卻始終沒有接到回電，只好再打一次。這次，若碰巧是主管親自接的，應當立即道歉說：「眞是對不起！是秘書疏忽了，竟然忘了告訴我！」再加上幾句：「希望您能常打電話指教，我眞心歡迎您的指教！」諸如此類的話，解釋清楚未回電話的原因，客戶一定會諒解。

通電話雖然是件簡單的事，但其實它大有學問。

若是把握住講電話的溝通技巧，就能讓對方在電話中就對自己留下好印象，奠下往後良好關係的基礎。

一般而言，通電話時要注意如下三點：

・打電話時，要用聲調表達出友誼的微笑。因為對方不能從電話中看見笑容，所以聲調要負起全部的社交責任。聲調應充滿笑意，比平常高興時有更多的笑意，注意把友好與真誠的情感灌入聲音裡。

・通電話時，要有適當的節奏與速度，太輕或太重都會使對方聽不清楚。而且，聲音透過電話後會產生改變，即便是現在最好的電話，也無法把說話者的「原音」傳給對方。因此，在電話中談話時，不能完全根據平時說話的習慣談話。

・通電話時，咬字要清楚，發話人不要忘記向傳話人表示謝意。如果在電話中的聲調非常愉快悅耳、咬字清晰，那才算是充分利用了電話這種傳話機械。

總之，用電話通話時，由於只靠聲音溝通，看不到對方的表情與手勢，所以彼此很容易產生誤會，也因爲這樣，溝通技巧就顯得更加重要。

同時，不可因對方看不到自己，就態度輕慢隨便，因爲這種態度會隨聲音洩漏出去，讓對方留下不好的印象。

如今，電話已經變成一種不可或缺的溝通工具，接聽電話與打電話更是日常會

話的重要內容之一。一家公司職員們講電話的方法與態度，也會直接影響對方對公司的印象。

所以，接聽電話時，一定得把握下列幾項原則：

• 一般如果是在家中接到電話，會說：「喂，你好！」如果是在公司裡，應該說：「你好，這裡是××公司。」如果是從公司總機轉接過來的電話，則應該說：「這裡是××部。」

• 當對方指定某人聽電話時，必須說聲：「請稍候片刻。」然後把電話交給對方指定的人。如果對方是公司的老客戶，則不妨先說一聲：「謝謝您平時的照顧。」然後再轉接電話。

• 有時對方指名的人剛好不在座位上，此時，不應該只回答「不在」就把電話掛斷，應該儘快去找被指名的人。這時，不妨對他說：「×先生不在座位上，我現在就去找他，請稍等片刻。」

• 有時，被指定聽電話的人碰巧外出，此時可以回答：「×先生碰巧外出，是否可以請別人代聽？」然後依對方的反應做處理。

• 如果知道被指定聽電話的人將於幾點鐘回來，可以說：「X先生將於下午三點鐘回來。到時，是否可以請他再打電話給您？」若對方同意這樣做，則可以說：「可以麻煩您留個電話嗎？」

• 或者：「請問有什麼事嗎？X先生回來後，我可以代您轉告他。」如果對方有交代什麼事情，最好用紙筆記錄下來，以免遺漏。

## 電話中仍要保持禮貌態度

通電話時，由於看不見對方的面部表情，須特別注意聲音上的表達。倘若感到不耐煩，對方照樣能從聲音中感應說話者敷衍了事的態度。

面對面交談與電話交談，聽者注意的重點截然不同。以前者而言，縱然說話內容失禮，也可以用表情彌補。只要談話氣氛和諧，大致不會發生問題。但是，電話交談則不然，往往會由於一句無心的話語得罪對方或招致誤解。

這時，無論以任何表情表示歉意，也無法消除對方的怒氣，因為對方看不見說話者當時的表情。

當工作正忙碌時接到客戶的電話，對方卻只是閒話家常，而且越談越起勁。這時候，雖然你想馬上結束談話，但又擔心得罪人，只好勉爲其難地應付對方。但隨著心情越來越焦急、煩躁，語氣就會從原本恭恭敬敬的「是」變爲「嗯」、「喔」。

漸漸的，對方會察覺聽話者的態度不恭，因而逐漸感到不滿，但其實對方根本不瞭解實情。因此，碰到這種情形時，不妨主動說明事實，以委婉的語氣結束交談。

此外，由於電話交談純粹是用語言溝通，應避免敷衍了事。若是沉默時間太久，必然引起對方誤解，以爲你沒有專心聽。所以必須趁對方說話告一段落時，插上一句「不錯」或「是啊」，促成談話順利進行。

通電話時，由於看不見對方的面部表情，因此須特別注意聲音上的表達，因爲聲音一定會反應表情。倘若心中感到不耐煩，對方照樣能從聲音中感應出說話者敷衍了事的態度。

通電話時，以讓對方感到受尊重最爲重要。爲此，必須學習電話禮節，培養恭敬的應答態度。

有時，會見到一些管理者一手握著電話聽筒，一手按著電腦鍵盤，或一面喝茶、抽煙，一面接電話，這些行爲均需避免。雖然電話交談時，彼此都看不見對方，但仍需保持基本的禮貌。

# 用假電話為自己創造機會

若是談判中出現始料不及的情況，為避免談判對象迫使自己草率地做出決定，可以隨意撥個電話，以贏得時間考慮談判中的問題。

電話不僅是用於溝通聯絡的工具，由於電話特有的特性，使它成為談判業務過程中具有眾多用途的工具。常見的用法有下列數種：

**●可以利用電話虛擬一個競爭者**

某化工研究所與一家洗滌劑廠商，就一種新型的洗滌劑生產技術轉讓問題進行談判。洗滌劑廠商以該新型洗滌劑尚未接受市場檢驗，一時難以打開市場為由，提出分兩次付清技術轉讓費的要求，但研究所則堅持在技術資料轉讓時，廠商須一次

付清所有轉讓費用。雙方互不相讓，談判陷入僵局。

後來，研究所接到另一家洗滌劑廠商打來的一通電話，說他們想就新型洗滌劑的生產技術轉讓問題進行洽談。結果，正在談判的洗滌廠商從旁聽到電話內容後，便不再堅持分期付款了。

事實上，這通電話是研究所人員預先安排的。

這就是借助電話虛擬競爭者的方法。在談判進行之前，預先安排一個人在談判過程中的適當時機，假裝競爭者打來一通電話，能刺激談判對象的購買慾，促使對方不再猶豫不決，從而快速做出決斷；或者能軟化對方的強硬態度，促使談判走向成功。

## •可以利用電話暗中做些計算

某機械公司與一家汽車製造廠進行談判，在汽車價格上相持許久後，汽車廠提出一個新方案，願意將其中幾種型號的汽車價格，降到比機械公司所要求的價格還低，但要求將總金額提高百分之一。

一聽到這要求，機械公司代表立即說有一件重要的事情要處理，只見他拿起電話撥號並飛快地記錄著。放下電話後，機械公司表示可以接受新方案，談判很快就達成協議，取得成功。

事實上，機械公司方面並沒有眞正打電話，只是隨便撥了個號碼，以打電話為由爭取時間，並迅速就汽車廠提出的新方案進行計算。而且計算結果表明，新方案的總金額比機械公司提出方案的總金額只略高一點。

於是，機械公司就同意了這個新方案。

## ●可以利用電話搬出後台

談判遇到難題時，可以打個電話請示他人，借助請示者的要求，來與談判的對象討價還價，使對方不便正面攻擊，並軟化他的要求。

這個請示對象可以是上司，也可以是同事或親朋好友，甚至可以根本不出現在電話中而只在自己的頭腦裡，這正是電話的獨特作用。

**●可以利用電話拖延時間**

若是談判中出現始料不及的情況，爲避免談判對象迫使自己草率地做出決定，可以隨意撥個電話，說要與別人談論一些重要的問題，以贏得時間考慮談判中的問題。甚至可以假裝在電話中說：「我馬上就來。」藉此暫時離開談判桌，然後去請示上級或找同事商量。

**●可以利用電話藉故換人或放棄談判**

在談判中，如果發覺由於言詞激烈等原因，雙方產生了對立狀況，此時爲緩和緊張的談判氣氛，可以胡亂地撥通電話，在電話中說有急事要辦，以此向談判對象提出換人的要求。

另外，當談判中出現自己難以應付的情況時，也可以用此方式要求換人。或者，如果覺得再談下去實無必要，也不妨找藉口，乾脆放棄談判。

# 掌握洽談要訣，才能避免失敗

在電話洽談中，應儘量避免不愉快的話題，也不可故弄玄虛地賣弄知識或是高談闊論，這些行為只會引起對方反感。

用電話洽談商務可以節省時間，具有高效、省事、直接、迅速的特點，但電話洽談也有它的特殊性。

那麼，進行電話交談時，應該注意什麼呢？

- 很快切入談話的要點。

沒有人喜歡又長又囉嗦的電話，所以講電話之時，要迅速切入要點，說話別吞吞吐吐。開頭的自我介紹最好在十五到三十秒鐘內結束，然後說出打電話的目的。

・簡短而生動地介紹商品或服務內容。

在談話中，僅強調最重要、最特別、最吸引人的特性和優點。

・詳細解釋公司的產品或服務。

解釋產品爲什麼突出？爲什麼與衆不同？爲什麼比其他競爭者優秀？但注意不要貶低別家公司的商品或服務。

・保持對談話的控制權。

談話時，不要被對方牽著鼻子走，弄得自己六神無主，甚至忘記爲什麼要打這通電話。講電話時，如果發生了什麼意外，要懂得隨機應變，甚至趕緊掛斷電話。對於對方所提的一些複雜問題，可以告訴他等到彼此見面時，再給他詳細的答覆，以免被難題考倒，進而喪失談話的主控權。

•無論達成目標與否，都不要輕易放棄。

不論在電話中談論的結果如何，都要積極和對方約好下一次什麼時候再以電話商談。另外，除非事前有深入的瞭解與充分的準備，否則，不要倉促在任何一個問題上與對方達成協議。

•不要迫使自己倉促做決定。

在電話中，不要因爲時間延長而逼迫自己倉促做出決定以結束通話。如果事後發現之前的決定有誤，不要猶豫，馬上打電話過去更正。

•不要害怕重新談判任何一項重要問題。

若是通話結束再經過仔細考慮後，認爲雙方同意的交易方式對自己似乎非常不利，要有勇氣打電話給對方繼續交涉。

除了上述幾點之外，在電話洽談中，應儘量避免不愉快的話題，特別是敏感的

政治話題、涉及個人隱私的話題、競爭者的壞話、公司及同行的壞話、毫無邊際的奉承話等話題，更要極力避免。

也不可故弄玄虛地賣弄知識或是高談闊論，這些行爲只會引起對方反感，必會導致這場電話中的商務洽談以失敗告終。

PART 9.

# 保持良好風範，受人喜歡就不難

若希望自己的談話如同音樂一般動聽，
不可忘記在速度應快時要快，
音量應高時要高。
毫無抑揚頓挫與節奏變化的談話，
最易使聽者疲倦。

# 有信心，才能發揮最佳實力

要心緒鎮靜、神態自若地控制和支配自己，要是一上台就怯場，即使事前準備的演說內容再新穎有趣，也難以引起聽眾的興趣。

要使自己的話語充滿吸引力，打動別人的心，達到良好的效果，事前必須做好心理準備。心理準備取決於心理素質的培養，也取決於臨場時材料、選題與演說方式的準備。

其中，心理素質的培養尤其需要日積月累。

一個具備良好心理素質的人，即使面對成千上萬的聽眾，也能神色自若、從容不迫，讓自己的語言像清泉般潺潺流出，激人奮勉、令人陶醉，這種演說才能確實令人佩服又欣羨。

要成為一個成功的演說者，必須從建立自信、不膽怯開始。如果演說前就沒有信心，演說的效果必會大打折扣。

美國卡內基演說會的創辦人，成功學大師戴爾·卡內基，幼年時的貧困生活使他相當自卑。上大學後，他發現演說術的訓練能使他自信、勇敢、鎮定，以及在處理工作時提升應對他人的能力。

於是，他刻苦訓練自己的演說能力，並最終成為美國著名的演說家之一。他還結合自身的經歷與體會，寫了《人性的弱點》等暢銷書。

他創辦演說會的目的，就是希望透過訓練各種人的演說能力，幫助他成功處理人際關係，並在事業上獲得成功。

一位美國食品製造工會會長參加了卡內基演說會後談到他自己的感受，他說他以前無論如何也無法在董事會上站起來發言。但透過參加卡內基的演說訓練活動，他現在已能在各種集會上發表演說，甚至他的一些演說內容，還摘要刊登在全國性報紙及商業刊物上。

卡內基的經歷告訴人們，只要有信心並且願意努力練習，不論天資如何，任何人都有希望成爲能言善道的演說大師。

英國前首相狄斯雷利承認：「我寧願帶領一隊騎兵上戰場衝鋒陷陣，也不願意在國會發表演說。」

幽默大師馬克・吐溫曾說：「我的第一次演說，好像嘴裡塞滿了棉花，脈搏激烈地跳動，像正在爭奪百米賽跑的獎盃。」

古羅馬演說鼻祖之一的西塞羅說：「演說一開始，我就感到面色蒼白，四肢和整個心靈都在顫抖。」

就連在美國最享盛名的前總統林肯也說：「我在演說時，總有一種畏懼、惶恐和忙亂的感覺。」

以擅長演說著稱的英國政治家丘吉爾，在描述他第一次登台演說時說：「我心裡似乎塞著一塊幾寸厚的冰疙瘩。」

美國總統羅斯福也是這樣。他小時候因爲曾是個體弱多病且笨拙的孩子，年輕

時見到人就感到緊張且對自己的能力毫無信心。可是後來，他不斷督促自己在各種場合勇於發言、不怯場，這樣持之以恆訓練，假裝的毫不懼怕就變成現實，他最終成爲一個勇敢的人。

上述那些大名鼎鼎的演說家在剛學習演說時也曾手足無措，所以別對自己現在不佳的表現感到難過、喪氣。

要鍛鍊自己不怯場，首先要建立自信心，這是演說者最基本的心理素質。在演說中，要心緒鎭靜、神態自若、思維敏捷地控制和支配自己，使演說技巧得以完全發揮。

相反的，要是一上台就怯場，那即使事前準備的演說內容再新穎別致，材料再豐富有趣，也難以引起聽衆的興趣了。

# 把握要點，演說自不難

一個不懂得如何結束話題及不知何時該結束話題的演說者，就是一名失敗的演說者。一名演說者應將結尾看得與開頭一樣重要！

人際溝通大師塞巴特勒曾經寫道：「想讓對方接受原本不想接受的看法，最好使用對方喜歡聽的語言。」

確實，想要與別人有效溝通、交流，就必須留意自己說話的方式及口氣，用對方能夠接受的話語表達自己的意思。

面對不同的場景和不同的交談對象，運用最正確的說話態度和技巧，往往可以幫助自己快速達成目的。相反的，如果無法掌握說話的藝術，非但浪費唇舌，也無法達成自己想要的目的。

就溝通而言，當衆演說是無疑是面對衆人闡述自己觀念、想法、意見，影響他人的大好機會，有必要多多掌握這方面的談話技巧，使自己成爲一個處處都受歡迎的人。

有一位成功的演說家曾將演說過程，簡單歸納爲「站起來」、「說話」、「閉嘴」三大項，下面將逐一介紹：

### •站起來

這點是要求每個領導者在演說的時候，都應以充滿自信的威嚴神態站在台上，不要畏縮怯場、手足無措，或是很不自在地來回走動。

一個即將演說的人，如果能夠從容不迫地站在台上，他的演說就等於成功了一半。因爲對於聽衆來說，他們心目中最佩服的演說家，就是在任何情況下都能鎮定自若的人。

充滿自信地站在台上，擺出有點威嚴的架式，稍稍掃視一下四周，然後用強而有力的聲音開始演說，這就是一場演說最良好、成功的開端。

・說話

演說者在執行「站起來」這一步驟以後，就必須以流暢順達的語言開始演說。因而第二步驟「說話」，就是按照預定的形式進行演說。

身爲演說者，此時就是會場中的主角，所以演說內容也應該努力達到聽衆所期待具有權威性的水準。

也許面對台下衆多聽衆時，演說者此時心慌意亂，別說是「權威性」，就是「一般性」的標準也難以達到。但即使如此，也不能把心中的慌亂、不安表現在臉上，必須硬著頭皮開口，哪怕手腳發抖也得極力裝出不怯場的神情。通常只要開口說了幾句話以後，神態自然就能慢慢鎭定下來。

事實上，無論是多麼擅長演說的人，開始說話的時候，內心都或多或少會有點不安，只有在開始演說之後，慌亂不安的感覺才會逐步消失，個人的演說風格才能隨之展現出來。

而且，演說時毫無緊張感的人，很容易走上誇張炫耀的歧路。只有先做好準備

但演說之前心中仍有點緊張感的人，才能把握好演說的分寸。

另外，在演說的時候，一定要將每一個字、每一句話都清清楚楚地送進每一位聽眾的耳朵，唯有如此，才能牢牢抓住聽眾的注意力。

即使由於某段話題內容的需要，只能以緩慢低沉的聲音演說，也應該用低緩但清晰的聲音，將話語傳達到會場的每一個角落。

在演說的時候，可以在聽眾不注意的情況下觀察到他們的情緒反應，如果聽眾們的神情舒適自在，這代表眾人專注於演說內容；如果他們的神情煩躁不安，那就得儘快結束演說或是轉換話題了。

• 閉嘴

所謂「閉嘴」，就是「結束話題」。一名演說者把該說的內容全都說完以後，自然就應該「閉嘴」。相對而言，一個不懂得如何結束話題及不知何時該結束話題的演說者，就是一名失敗的演說者。

試想，若是一開口說話，就像打開水龍頭一樣沒完沒了地說個不停，是不是會讓人恨不得堵住他的嘴？因此，一名演說者應將成功的結尾看得與成功的開頭一樣重要！

任何人都能開口講話，但唯有聰明機智的人，才能明快俐落、恰到好處地結束演說。若是在演說結束之後，有人仍意猶未盡地說：「爲什麼你的演說那麼快就結束了？眞想聽你再講下去。」那麼，就代表這場演說成功了。

上述三個步驟相當簡單，但要把握其中的精髓卻非常不容易。身爲一名領導者，若想隨時都能發表一場成功的演說，就應用上述三大步驟提醒自己，並且勤加練習技巧，如此自能在需要演說時有良好的表現。

# 別出心裁，才能贏得青睞

若希望自己的演說內容，在類似場合、時間、主題的限制下，仍能令眾多聽眾感興趣，就要有別出心裁的創新功力。

當許多人在同一時間、同一場合進行演說時，由於受時間、地點、氣氛及相同主題的制約，很容易發生眾人演說內容「千篇一律」的現象。在此情形下，要想使自己的演說內容從眾人中脫穎而出，就要有「大路擁擠走小路，小路人多爬山坡」的創新精神。

心理學研究表明，新奇事物給人的刺激度極強，「喜新厭舊」又是人與生俱來的性格，因此，是否有別出心裁的內容，就成爲左右演說成敗的關鍵。

那麼，和許多人在同一場合演說時，怎樣才能使內容創新並吸引人呢？

首先，演說者應根據現場情況隨機應變，避「長」揚「短」。這種方法既快捷又方便，若運用恰當，往往可以收到以少勝多的功效。

為了慶祝銅像落成，王校長精心準備了一篇漂亮的演講稿。但舉行銅像揭幕儀式那天，天氣非常寒冷，儀式剛進行不久，台下的同學們就變得焦躁不安，甚至不斷活動身體好取暖。

可是，事先安排好的演說還得一個個進行下去。

王校長見狀，輪到他發言時，便把準備好的稿子放進口袋理，只講了一句話：「同學們，在此我只想用一句話鼓勵大家，那就是：『滴自己的汗，吃自己的飯，自己的事自己幹。靠人，靠天，靠祖上，不算是好漢。』」他這句話剛結束，台下就傳來經久不息的掌聲。

儀式結果後，他這段簡短有力的發言，贏得校內所有師生一致的讚賞。

其次，可透過一個嶄新的概念來劃定聽衆，讓他們對這個概念進行自我認定。像是演說者對聽衆的稱呼，看起來是件很簡單平常的事，但如果稱呼得體又新穎別致，將會在演說者與聽衆之間產生奇妙的化學作用，進而拉進彼此心靈上的距離。

在某學校舉行的即席演講比賽中，李燕就以這種辦法先聲奪人。在她演說之前已有七名同學發表演說，每個人開頭的稱呼大多是「老師們、同學們」，李燕心想如果還用這個稱呼開頭，必定很難引起聽眾的注意。

於是，她採用了別人沒有用過的稱呼語：「未來的工程師、會計師、廠長、經理們，大家好！」這個富有新意的開頭，霎時吸引了所有人的注意與目光，從而為她的演說創設了良好的情境，奠下了成功的基礎。

第三，演說內容要以新奇的開端取勝。

好的開始是成功的一半，當他人演說的開端已經很新的情況下，自己就要考慮出「奇」制勝。

在某大學圖書館的會議室裡，畢業多年的校友們正在聚會，發言者個個都是演說高手，緬懷過去時妙語如珠，句句都動人心弦。

輪到王教授說話時，他想到同學們分別後四十年間的變化，想到有的同學已經去世，於是就改變了談話的切入點。

只見他感慨萬千地說：「人在痛苦和歡樂的時候，總會想起親人。此時此刻，大家一定和我一樣，想著我們班的每位同學。我提議，讓我們暫時收斂歡樂的心情，為幾位離我們而去的同學默哀，以寄託我們的緬懷之情。然後，再讓我們舉杯，向未能與會的同學們表示真摯的問候和美好的祝福！」

上述這段話中，王教授用奇特的開頭勾起大家心中的感懷與情思，所以一下子就引起聽眾的共鳴，往後他所說的內容，自然也能牢牢抓住眾人的注意力。

總而言之，若希望自己的演說內容，在類似場合、時間、主題的限制下，仍能令眾多聽眾感興趣，就要有別出心裁的創新功力，若只是重複前人所說的內容，就很能吸引眾人的目光。

# 保持良好風範，受人喜歡就不難

若希望自己的談話如同音樂一般動聽，不可忘記在速度應快時要快，音量應高時要高。毫無抑揚頓挫與節奏變化的談話，最易使聽者疲倦。

演說的風範是一個人道德、情操、氣質、性格、知識、感情等綜合性的外部表現。有時候，我們需要透過演說表達自己的意見，此時風範良好，就能使自己的話語更具說服力，更能獲得衆人的支持與愛戴。

演說時，若能注意下述三大點，就能維持良好的風範：

- **調整呼吸，態度安詳自然**

說話是吐氣中載著語言，所以呼吸一混亂，話語就會不通順。

不少人在眾人面前說話時容易怯場，這種心態首先就會導致呼吸不正常，這樣就無法使所說得話語流暢。一旦說話之時呼吸紊亂，氧氣的吸入量就會減少，勢必影響大腦的正常運作。

又有些人在對眾人演說時，由於太緊張，血液一下子就沖上頭，結果連自己說了些什麼都不知道。這種情況可能是瞬間的氧氣供給停止了，頭腦的機能也一時停止，這使整個人陷於癡呆狀態，不能將心中所想的詞語說出來。

就某種意義上來說，「呼吸」和「氣息」是同個意思，因而調整呼吸就是使氣息安靜、平順下來。

演說前應調整呼吸，使全身處於放鬆狀態。靜靜地進行深呼吸，而且在吐氣時稍微加進一點力氣即可，這樣一來，心中就會逐漸踏實，更能克服怯場的毛病。

另外，笑對於緩和全身的緊張狀態有很好的作用。所以，演說前可用笑調整呼吸，這能使頭腦的反應靈活、注意力集中，進而將心中想法順利表達出來。

**• 神色專注，耐心傾聽**

「對話」一般是由雙方構成，而且每一方都擔負著兩個任務，也就是「說」和「聽」。換言之，某一方的的「說」是爲了對方的「聽」，他的「聽」又促成了對方的「說」。

那麼，在「說」和「聽」之間，哪一方對維持談話更重要呢？

就某種意義上而言是「聽」。因爲「聽」可讓人瞭解對方，明白對方的意圖和需求，從而決定應該向對方「說」些什麼，又該如何「說」較爲適當。

若是與他人談話時，對方將臉轉向一旁，一副漫不經心的樣子，那麼談話的興致必會大減。結果，這樣一場談話必會草草結束。

反之，如果對方是個聚精會神、側耳聆聽的好聽衆，談話者的心情就會大不相同。說話者心裡會想：「看他一副認眞聆聽的樣子，似乎對我說的事很有興趣，我還可以再多說一點。」

如果對方還邊聽邊點頭，並不斷發出「嗯」、「嗯」的附和聲，更會受到很大的鼓勵，對自己產生更大的信心，話題會源源不斷地湧出，思路也會變得清晰。

但是，許多人在與他人交談時卻常忽視了「聽」的重要，他們不顧別人說些什麼，或是匆匆忙忙地打斷別人談話，或是心不在焉地聽別人談話，或是斷章取義地對待別人的發言。

善於傾聽會在談話中無形發揮了褒獎對方的作用，是建立良好人際關係、開展良好談話氣氛的重要辦法。

若能耐心聽對方傾訴，這等於告訴對方：「我對你說的東西很感興趣。」無形中，使說話者的自尊得到了滿足。

此時，彼此心靈間的交流會使雙方的感情距離縮短。

### ●聲音大小適度，語速適中

與人談話時，說話音量的大小與說話速度，是管理者必定要注意的問題。說話音色的高低清濁不同，是一個人與生俱來的特點，很難控制或改變。不過，在談話中，音色的好壞只是次要問題，並不是決定一個人說話清楚與否的關鍵。

談話時，更重要的是：

● 要注意自己說話的速度是否太快？

許多人說話如連珠炮般，若是說話快但清楚還無妨，若是說話快又不清楚，讓人聽了之後不知所云，就失去說話的功用。因此，應訓練自己說話時聲音要清楚，說話速度快慢適中。

● 說話聲音是否過大？

在吵雜的公共場所中演說，提高音量是逼不得已的選擇，但在正常情況下，得保持適中的音量。除非對方聽力不佳，否則說話時要記住對方不是聾子，沒有必要大聲嚷嚷。

當然，在談到重點時，可提高音量以吸引對方的注意力，但音量仍要控制得當。說話富有抑揚頓挫，是調節說話聲音大小強弱的最佳做法。

倘若希望自己的談話如同音樂一般動聽，在速度應快時要快，音量應高時要高。毫無抑揚頓挫與節奏變化的談話，最易使聽者疲倦，得避免犯這項錯誤。

# 事前多努力，臨場少問題

只需在生活中搜尋那些有趣、有意義的生活經驗，然後彙集由這些經驗提煉出來的想法，就能組成一篇良好並且吸引人的演講內容。

數年前，紐約扶輪社舉辦過一場午餐會。該場餐會上的主講人是一位聲名顯赫的政府官員，場上聽眾們都拭目以待，期望聽他述說一下部裡的工作情形。

可是，當他一站上講台，聽眾就立刻發現他事前並未做準備。起先，他本想隨意做一番即席演說，結果卻辦不到。於是，他又匆匆忙忙地從口袋裡掏出一疊筆記，但是那些便條紙卻顯得相當雜亂無章。他手忙腳亂地在這些東西中亂翻了一陣，說話時顯得靦腆又笨拙。

只見時間一分一秒地過去了，他也變得更加無助慌亂。到了這個地步，他仍繼

續掙扎著，還一邊說些道歉的話語。他寄望從筆記中理出一點頭緒，同時用顫抖的手舉起一杯水湊到焦乾的唇邊，台下所有聽眾都可以清楚看到，他已經完全被恐懼擊倒。結果，因爲他對此次演說沒有事先做好準備，最後只得無可奈何地退場。

餐會上這名主講人的表現，正是失敗和丟臉的演說。他發表演說的方式正像盧梭所說的：「他始於不知所云，止於不知所云。」

美國成人教育家、演說學大師戴爾·卡內基指出：「只有那些有備而來的演說者才能獲得自信。」

未做準備就上台演說，彷彿帶著破爛的武器上戰場。但是試想，當一個人上戰場時，如果他帶著故障的武器，槍中沒有一點彈藥，又怎能向敵方發起猛攻呢？

美國總統林肯曾說：「我要是無話可說時，就是經驗再豐富、再老到，也無法免於難為情的處境。」

丹尼爾·韋伯斯特曾說：「若是未經準備就出現在聽眾面前，就像是自己未穿衣服就跑在大街上一樣。」

連這些大人物在上台之前，也得經過一番準備，當然遑論其他人了。

那麼，在演說之前該怎麼準備？臨場的時候又應該如何充分發揮呢？

## ●不要逐字逐句地記憶演說內容

「充分的準備」不等於記誦演說稿，以免在面對聽眾時，腦中頓時一片空白，使自己一頭栽進背誦講稿內容的陷阱裡。一旦養成這種習慣，就會無可救藥地做一些浪費時間的準備方式，這必會毀掉一場演說。

美國資深新聞評論家H．V．卡騰波恩在總結他從事新聞事業取得成功的秘訣時，他說他只是做些筆記，然後自然地對聽眾說話，絕不背稿。

寫出講稿並努力背誦，這種方式不但浪費時間、精力，而且容易招致失敗。畢竟人們平常說話都是出於自然，絕不會挖空心思，細想每個詞語、每句話該怎麼說。應該隨時都在思考，等到思路清晰順暢時，自然會像呼吸空氣一樣，不知不覺地順利說出腦中的想法。

溫斯頓．丘吉爾也非常贊同這種說法。

年輕時，丘吉爾演講前必會寫講稿、背講稿，但有一天，當他在英國國會上背誦著講稿時，思路突然中斷，腦海裡一片空白。當時他尷尬極了，也感到非常羞恥，即使他把上一句重背一遍，可是腦子裡依舊空白。他的臉色立即大變，直冒冷汗，最後只得頹然下台。從那次以後，丘吉爾再也不背講稿了。

儘管你可以逐字背誦講稿，但是一旦面對聽眾時，很可能迅速遺忘講稿內容。即使沒忘掉，從口中吐出那些講稿內容恐怕也十分機械化，因爲它不是發白人內心的想法，只是出於記憶而已。

當我們私下與人交談時，總是一心想著要說的事，然後就自然、直接地說出想法，從不會特別留心每一個詞句。既然我們平時一直都這麼做，上台演說時又爲什麼要改變做法呢？

如果非要寫講稿、背講稿，很可能只會重蹈失敗者的覆轍。

## • 預先將自己的思路彙集整理

準備演講有沒有秘訣呢？當然有，而且並不複雜深奧，只需在生活中搜尋那些有趣、有意義的生活經驗，然後彙集由這些經驗提煉出來的想法、概念、感悟等等，就能組成一篇良好並且吸引人的演講內容。

一名演講者眞正要做的準備，就是對演講題目加以深思，並就講題搭配適合的生活經驗與感悟。

## ● 在朋友面前事先模擬練習

當準備演講內容準備得差不多後，可以事先在朋友面前練習一下，把演講的主題用來和朋友及同事進行日常談話。

不必搬出全套內容，只須在午餐桌前傾身對朋友說：「小李，你知道嗎？我前幾天遭遇了一件不平凡的事！」小李可能很願意聽聽這個故事。

仔細觀察對方的反應、聽對方的迴響，就能得知自己這場「演講」是否成功。而且他說不定會有什麼有趣的主意或回應，甚至能爲自己原本的演講內容增色不少。

# 用「借景」技巧使演說更好

演說者若能善用「借景」技巧，就能化不利為有利，既使台下聽眾更專注，也使自己的演說內容更加深入人心，引起共鳴與迴響。

看到高山，就想起樹木；看見河水，就想起漁船；看見媽媽，就想起童年時光。這種觸景生情的人生體驗，常使人們不由自主地激起了太多情感，這點正是一名演說者應該善加利用的特點。

「借景」本是園林藝術中的一個術語，它是指在園林建造中用「開窗設門」或「緣地抱勢」的手法，使園內的人透過雕窗畫門能看到園外的景色，而且在感覺上外景與內景間似隔非隔，甚至渾然一體，這就如同將園外的景色「納入」園內一般。頤和園遠借玉泉山塔，創造了深廣的空間，就是深諳「借景」奧妙的傑作。

至於演說藝術在本質上就是一種展現內在功力的藝術，只有腹中藏繡，才能口吐華章。然而，演說又是在特定情境下，演說者與聽眾間情感上的互相感染，思想上的的相互交流。

在演講中，情境本身是靜止的，但機智的演說者總能巧借情境，化靜爲動、化死爲活，讓情境助自己一臂之力，使演說內容更具渲染力。

聰明的演說者往往深得「借景」之三味，能恰到好處地使情境爲己所用，爲自己的演說添光增彩。

一九七八年三月，粉碎「四人幫」後的第二個春天，中國科學大會在北京召開，大會由郭沫若主持。

當時，郭沫若祝辭的開頭是：「春分剛剛過去，清明即將到來。『日出江花紅勝火，春來江水綠如藍』，這是革命的春天，這是人民的春天，這是科學的春天！」

這段話表面上說的是自然節氣的變化，過了春分就是清明，實際上卻是暗中喻指當時的政治氣候。粉碎了「四人幫」，經過撥亂反正之後，一個安定團結的「清明」盛世已經到來。

另外，連續三句「這是××的春天」，既指明科學大會召開的時間恰逢大好春光，又預示未來科學發展欣欣向榮的「明媚」前景。

一九五七年，中國總理周恩來訪問尼泊爾時，在該國首府加德滿都市民歡迎會上發表演說。

演說一開頭就提到喜馬拉雅山，「當站在這個廣場上，同千千萬萬的尼泊爾人民在一起時，過去時代的珍貴回憶又湧現在我眼前。雖然我們兩國之間橫隔著世界上最險峻的喜馬拉雅山，但我們的人民卻自古以來就保持著友好的往來……」這是用喜馬拉雅山的自然阻隔，反襯尼泊爾與中國兩國人民之間深厚的友誼。

在這場演說的結尾，周恩來又一次提到喜馬拉雅山，用它連結兩國邦交：「在我結束演說的時候，我祝中國和尼泊爾兩國間的友誼，就像聯結著我們兩國的喜馬拉雅山那樣巍峨永存！」

在這段話裡，喜馬拉雅山的巍峨高大、不可撼動，使它又成爲友誼長存、牢不可破的象徵。

同一座山，在演說的開頭和結尾被賦予了不同的主觀色彩，就能帶給聽衆不同的感受。

在演說之中，許多高明的演說者常借天說地、借古說今，這種做法更容易激起聽衆的情緒與感慨。

在某次會議上，大會主席按例向與會所有人發表演說。

當他講到「這場會議十分成功」時，正好雲中的月亮露了出來。於是他即景生情，借題發揮道：「朋友們，你們看，月亮升起，黑暗過去，光明在望了。但是烏雲還等在月亮旁邊，隨時會把月亮遮住！」

在這段話中，演說者巧借天象，暗喻雖然黑暗最終是擋不住光明的，但是，在光明到來之前，大家仍不能掉以輕心，必須時時警惕「烏雲」。只有徹底掃除了烏雲，才能永遠享有光明。

為紀念魯迅誕生一百週年，某校舉辦了一場學術研討會，當時天氣很冷，寒風從窗口吹進禮堂，使聽眾們無法安靜下來專心聽演講。

台上的演講者見狀，便靈機一動，臨時設計了這樣一個開場白，「魯迅先生生前曾經號召：『願青年們都擺脫冷氣，只是向上走……』今天，我們先要擺脫會場上的冷氣，才無愧於魯迅先生的殷切期望。」

這幾句話一出口，立即贏得台下聽眾熱烈的掌聲。

在這段開場白裡，演說者運用當時的氣候條件，化不利因素爲有利因素，既控制了場面，又一語雙關地點出，在擺脫寒風刺骨的自然冷氣時，更要擺脫對紀念活動的冷漠態度。

演說者若能善用「借景」技巧，就能化客觀環境的不利因素，爲激起台下聽衆激昂情緒的有利因素。如此，既能使台下聽衆更專注聽講，也使得自己的演說內容更加深入人心，引起共鳴與迴響。

# 內容反覆只會令人厭惡

要克服重複囉唆的毛病，演說者就要牢牢把握主題、理清思緒，並且注意加強口語表達技巧的訓練，養成說話精練、簡潔的良好習慣。

反覆是一種積極的修辭，能達到強調的目的。但反覆過多，就成了語言中的一大毛病，是思想跟不上嘴巴的一種拖延。

比如：「我說啊，我說啊」、「我的意思是說、我的意思是說」，這種句子就是無效的重複。與那種「前進，冒著敵人的炮火！前進，冒著敵人的炮火」的有意反覆不同。

後者有積極修辭的意義，前者則無實際意義，沒有提供對方（聽眾）任何資訊或鼓舞力量。

例如，有的領導人演說時，不斷重複「哼」、「啊」之類的無意義語氣詞，於是話語變成：「今天嘛，我們要開個大會。啊！要說的呢，嗯，只有三點。」這種語氣詞重複切斷了詞句的連貫性，造成不良的效果。

還有些人老是板著面孔，用訓人的腔調發表演說，而且內容老掉牙又不斷重複。這種「輪番轟炸」的囉唆演說，使聽眾無不蹙額鎖眉，更使全場陷入一種極爲難堪的沉悶情境。

一般而言，演說中內容重複囉唆的情況又分爲四種：

• 多次再現

這主要是指在一句或幾句話中，某一部分內容或詞語重複出現。

例如，某位政治人物在一次報告中說：「我們要徹底肅清輕視婦女的思想，同時也要徹底肅清看不起婦女的思想。」

這兩句話實際上是同個意思，但由於這名政治人物說不清「輕視」與「看不起」有什麼不同，所以也不知道話中出現重複囉唆的情況。

・多此一舉

這點是指在話語中，多說了那些不言自明的意思。

例如，一位員警在對上級報告時說：「當時我實在忍不住了，用手緊緊地握成拳，往歹徒的臉大力打過去……」顯然，這句話中的「用手」是贅詞，因爲大家都知道握拳得用手。

・畫蛇添足

這點是指因爲重複囉唆，使話語的意思不明確、不準確，甚至不正確。

例如，一位老師在家長會上致辭時說：「各位家長們，今天把大家請來舉辦這個家長會，目的是……」

這段話中的「各位」與「們」意思就重複，前面有「各位」，後面就沒有理由再加上「們」字。

• 東拉西扯

這點是指說話者在講一件事時提及另一件事，於是就轉而談起另一件事，結果使內容囉哩囉唆，越來越離題。

內容重複又囉唆的演說無疑會令聽衆相當反感，所以演說者必得克服這一點。那該如何克服這種毛病呢？

首先，要找到導致重複囉唆毛病的「病源」。

這「病源」可能是多方面的，有些人思想貧乏，見識知識不足，因爲沒有東西可說，所以只得把自己有限的所知內容反覆搬弄。

有些人是因爲語彙貧乏，所以只能重複使用那些舊詞表達。有些人是因爲思緒混亂，導致前面已經說過的東西，後面又一遍一遍地重複。還有些人是由於低估了聽衆的理解力，生怕聽衆聽不懂，於是就反覆交代、解說、強調。

其次，要克服重複囉唆的毛病，演說者就要牢牢把握主題、理清思緒，並且注意加強口語表達技巧的訓練，養成說話精練、簡潔的良好習慣。

爲了避免演說內容囉唆，演說者還應避免講客套話。演說者說些毫無意義的客套話不僅浪費時間，而且影響演說氣勢。對比氣勢強、節奏快的演說，那種「嗯，講得不太好啊，還請大家多包涵」之類陳腐的客套話，確實令人反感，也讓人不想專心聽演說內容。

# 善用手勢，增添演說氣勢

演說者的手勢是內在情感的自然表露，不應是生硬的做作動作。手勢是為了幫助演說者表達情意，如果達不到這個目的，純屬畫蛇添足。

手勢是演說者在演說時常用的手部動作。

手勢的運用是否恰當，會直接或間接地給予演說效果不同的影響。若是手勢用得好，能使演說內容更加震撼人心。

透過記錄片，我們可以看到列寧當眾演說的雄姿，配合著鏗鏘有力的語調與恰當的各種手勢，使他的演說內容更具渲染力。

列寧有個手勢是當他演說時，身體略向前傾，頭有些微仰，雙目眺望遠方，右手掌果斷有力地推擊出去。

他在一瞬間完成這個手勢，展現出堅定必勝的信念和一往無前的決心，使台下群衆受到強烈鼓舞，決心沿著他指引的方向勇往直前。

由列寧的例子，可以明白手勢在演說中的影響力與重要性，因而領導者在發表演說時，必須善用手勢強化演說內容。

但要善用手勢，首先需瞭解並掌握各種手勢的基本含義：

・仰手式

即掌心向上，拇指張開，其餘幾指微曲。手部抬高表示歡欣、讚美、祈求，手部放平表示誠懇地徵求聽衆意見，博取支持，手部放低則表示無可奈何。

・覆手式

即掌心向下，手指狀態同仰手式，這是審慎的提醒手勢。若演說者有必要抑制聽衆的情緒，進而達到控制場面的目的，就可採用覆手式。這動作同時也能表示否認、反對等意思。

・切手式

即手掌挺直全部展開，手指併攏，像一把斧頭般猛然劈下，這手勢表現演說者堅決果斷的態度，並有快刀斬亂麻的意思。

・啄手式

即手指併攏呈簸箕形，指尖朝向聽眾。這種手勢具有強烈針對性、指示性，但也容易造成挑釁、威脅，所以必須看對象謹慎使用。

・剪手式

這是切手式的一種變化型，即掌心向下，然後同時向左右分開。這種手勢表示強烈的拒絕、不容置疑，演說者也可以用這種手勢排除自己話題中提及的枝節。

・伸指式

單伸食指表示專門指某人、某事，或為了引起聽眾注意；單伸拇指表示自豪或稱讚，數指並伸表示數量或對比等。

・包手式

即五個指尖相觸，指尖向上，就像一個收緊開口的錢包。這種手勢一般是為了強調主題和重要觀點，可在遇到具有探討性的問題時使用。

・推手式

即指尖向上、併攏，掌心向外推出。這種手勢常表示排除眾議、一往無前，顯示演說者堅決的態度和強大的力量。

・撫身式

即用手撫摸自己身體的一部分。雙手自撫表示深思、謙遜、誠懇，以手撫胸表示反躬自問，以手撫頭，表示懊惱、回憶等。

・握拳式

即五指收攏，緊握拳頭。這種手勢有時含有示威、報復的意思；有時表示激動的情感、堅決的態度或是必定要實現的願望。

演說者的手勢是內在情感的自然表露，不應是生硬的做作動作。手勢是爲了幫助演說者表達情意，如果達不到這個目的，純屬畫蛇添足。

手勢是幫助演說者將內在想法、情感具體表露，所以在運用時，不用拘泥格式，只要自然得體即可。但切忌不可把手插在口袋裡，這動作顯得對聽衆相當不尊重，自己也好像被捆住一樣。

領導者只要掌握運用手勢演說的要領，再經過長久的練習與實踐，一定能善用手勢爲自己的演說內容增添效果與影響力，使演說更加深入人心。

讓對方欣然接受的實用說話謀略

# 活用話語，改變對方的心理

The art of speaking

陶然——編著

美國作家安　比爾斯曾經寫道：

**說服是一種催眠術，說服者的意見隱密起來，變成了論證和誘惑。**

想要打動人心，達成自己的目的，就必須透過有效的說話方式，將自己的意見　想法滲透到對方的腦子裡。

說話的能力決定一個人擁有多少好運氣，會說話的人，運氣通常不會太差。

這是因為遇到問題之時，他們懂得用「好口氣」面對，懂得透過說好話的藝術，把「異見」灌輸到對方的心裡，當然更容易解決問題，也更容易達成自己的目的。

溝通智典

45

# 看穿對方想法說話心理學

作　　者　楚映天
社　　長　陳維都
藝術總監　黃聖文
編輯總監　王郡凌
出 版 者　普天出版家族有限公司
新北市汐止區忠二街 6 巷 15 號
TEL / (02) 26435033 (代表號)
FAX / (02) 26486465
E-mail：asia.books@msa.hinet.net
http://www.popu.com.tw/
郵政劃撥 19091443 陳維都帳戶
總 經 銷　旭昇圖書有限公司
新北市中和區中山路二段 352 號 2F
TEL / (02) 22451480 (代表號)
FAX / (02) 22451479
E-mail：s1686688@ms31.hinet.net
法律顧問　西華律師事務所・黃憲男律師
電腦排版　巨新電腦排版有限公司
印製裝訂　久裕印刷事業有限公司
出 版 日　2022 (民 111) 年 9 月第 1 版
ISBN◉978-986-389-844-3　　條碼 9789863898443


國家圖書館出版品預行編目資料

看穿對方想法說話心理學 /
楚映天著.—第 1 版.—：新北市,普天出版
民 111.10 面；公分. - (溝通智典；45)
ISBN◉978-986-389-844-3 (平裝)

普天之下・盡是好書
普天出版家族
Popular Press Family
淩雲文創
A-Plus Creative Company